U0738384

从与狼共舞到静水深流

——华为还能走多远

周锡冰 | 著

ZHEJIANG UNIVERSITY PRESS
浙江大学出版社

图书在版编目（CIP）数据

从与狼共舞到静水深流：华为还能走多远 / 周锡冰

著. —杭州：浙江大学出版社，2016.7

ISBN 978-7-308-15784-1

Ⅰ.①从… Ⅱ.①周… Ⅲ.①通信－邮电企业－企业

管理－深圳市 Ⅳ.①F632.765.3

中国版本图书馆 CIP 数据核字（2016）第 086032 号

从与狼共舞到静水深流——华为还能走多远

周锡冰 著

责任编辑	杨 茜
责任校对	卢 川
出版发行	浙江大学出版社
	（杭州市天目山路 148 号 邮政编码 310007）
	（网址：http://www.zjupress.com）
排 版	杭州中大图文设计有限公司
印 刷	浙江印刷集团有限公司
开 本	710mm×1000mm 1/16
印 张	15.5
字 数	214 千
版 印 次	2016 年 7 月第 1 版 2016 年 7 月第 1 次印刷
书 号	ISBN 978-7-308-15784-1
定 价	45.00 元

版权所有 翻印必究 印装差错 负责调换

浙江大学出版社发行中心联系方式：0571－88925591；http://zjdxcbs.tmall.com

目　录

绪　论

撰写《任正非的华为世界》的缘由

2016 年的北京春天，似乎比往年更加轻柔，没有大起大落的温差，也没有倒春寒的冰冷。在这样的时刻写作《任正非的华为世界》是非常贴切的。尽管 2015 年华为取得了不错的业绩，但是危机意识浓厚的华为创始人任正非却时刻在思考：华为的红旗到底能飘扬多久。

在春暖花开、繁花似锦的季节里，公园里的迎春花迎风绽放，小区的桃花争相开放，玉兰花也含苞待放……这样的春色如同一股暖流，让我们每个人都抑制不住春天来临时的喜悦和兴奋。经历了一个寒冷的冬天，温暖的春日如母亲的胸怀，把我们紧紧地拥入其中，阵阵的幸福感油然而生。此刻，在所有人的心中，都期望更加美好的春光、更加绚烂的春色，似乎没有人惦记去年或者来年的刺骨冬天，包括中国诸多的企业经营者。

然而，在中国企业界，华为却是一个个案。在华为业绩最好的时刻，任正非却在思考"万一冬天来了怎么办"。任正非这种居安思危的危机意识，足以让每一个研究者肃然起敬。

在《华为的冬天》一文中，任正非是这样告诫华为人的："公司所有员工是否考虑过，如果有一天，公司销售额下滑、利润下滑甚至会破产，我们怎么办？我们公司的太平时间太长了，在和平时期升的官太多了，这也许就

1

是我们的灾难。泰坦尼克号也是在一片欢呼声中出的海。而且我相信,这一天一定会到来。面对这样的未来,我们怎样来处理,我们是不是思考过。我们好多员工盲目自豪,盲目乐观,如果想过的人太少,也许(灾难)就快来临了。居安思危,不是危言耸听。"

在任正非看来,只有时刻居安思危,才能让华为持续生存和发展下去。然而,成千上万的民营企业之所以"短命",是因为这些经营者往往都是小富即安,毫无危机意识可言。

在任正非看来,作为一个民营企业老板,不管愿不愿意提及,危机都如影随形地潜藏在企业之中,不可能否认它的存在。

在后金融危机时代,中国以 7.7% 的经济增长率继续领跑世界。高速增长的中国经济不仅为世界经济贡献了自己的力量,同时还给予中国民营企业老板创业的机会,使得创业企业迅速地做强做大。

不可否认的是,由于目前中国市场经营环境复杂多变,使得许多中国企业遭遇一场又一场危机事件风波。如全球经济一体化、金融危机导致需求锐减、国内宏观调控增强、银行信贷政策变动,通货膨胀和通货紧缩交替、市场竞争白热化、人民币升值或贬值、退税率上下变动、原材料成本上升、人工成本上升、消费者理性化等。

林林总总的不确定因素都可能使中国企业遭遇各种经营风险:融资困难、战略迷失、资本运作困难、人才流失、财务困境、产品质量问题曝光、营销障碍、文化瓶颈、品牌危机、公众和消费者投诉、媒体负面报道、自然和社会因素影响、国际化风险等。从这些危机事件可以看出,中国企业已经进入了一个"危机高发期",如果民营企业老板不重视危机管理,那么一波又一波的倒闭潮将不可避免。

在 2008 年金融危机中,据 2008 年上半年国家统计局公布的数据显示,全国共倒闭中小企业 6.8 万家,下半年尤其是第四季度企业生存状况更加恶化。的确,在最近几年里,许多企业遭遇了种种危机,如政策危机、领导人危机、战略危机、资本危机、人力资源危机、财务危机、产品危机、广告宣传危机、文化危机、品牌危机、信誉危机、公众客户危机、服务危机、媒体危机、政治危机、自然和社会因素危机、国际化危机等等。

在后金融危机时代，由于世界格局发生了较大的变化，这就要求民营企业老板重新去思考定位，尤其是中国进入后奥运时代、后 WTO 时代后，在这样一个与国际接轨的新思潮之中，要时刻保持危机意识，从而与世界跨国公司在正面战场上打赢白刃战。因此，要想在企业丛林里将自身做强做大，树立危机管理意识就成为一个必然的选择。

在华为的发展过程中，任正非多次提及华为的危机。2001 年，任正非在企业内刊上发表了《华为的冬天》一文。据公开资料显示，2000 年华为销售额达 220 亿元，利润达 29 亿元，居中国电子企业百强首位。

其后，任正非在《北国之春》一文中再次把华为解决危机管理的问题推上媒体的头版头条。在公开的任正非内部讲话中，危机被提及很多次，而"创新"和"变革"却很少被提及。跟众多读者一样，我怀着各种好奇心开始了对华为的跟踪和梳理，然后鼓起勇气写作本书。当然，这种勇气主要还是源于我对任正非偶像般的崇拜，特别是他与中国大部分企业家迥然不同的出奇的低调。

任正非的低调无疑增加了对这位被美国《商业周刊》（*Business Week*）誉为"2009 中国最具影响力 40 人"的企业家的了解难度，如果企业家常常在聚光灯下讲述自己是如何管理企业的，便可以依据他接受媒体的采访和他的演讲，还可以从他们"指点江山、激扬文字"的视频里找出与之相关的信息，然而，我费了九牛二虎之力才找到任正非的管理经验。

任正非的人生也经历了不少坎坷和挫折，用《易经》中的"潜龙勿用""见龙在田""终日乾乾""或跃在渊""飞龙在天""亢龙有悔"这几个词语来概括较为合适。

这也是我把这几个词语借用来作为标题的缘由之一。如"潜龙勿用"，潜龙的意思是指隐藏，因为这一爻在最下方，称为"初九"。龙潜于渊，阳之深藏，应忍时待机，不宜施展才有利于下一步的行动。这就是任正非非常低调和不愿意接受媒体的一个较为关键的原因。

然而，任正非并不因为低调就被遗忘，美国《福布斯》(*Forbes*)杂志中文版在发布年度人物评选的榜单时，授予任正非"最受国际尊重的中国内地企业家"头衔。

在如今华为高歌猛进的时刻，特别是其在通信市场上的地位，任正非获得此头衔自然是名副其实的，但他却异常低调。中外媒体无不用"神秘""低调"这样的字眼来形容他，因为至今为止，任正非仅仅接受过几家媒体的正面采访，也从不参加评选、颁奖活动和企业家峰会，甚至连有利于华为品牌形象宣传的活动，他都一律拒绝。

任正非是这样解释不接受媒体采访的原因："我为什么不见媒体，因为我有自知之明。见媒体说什么？说好恐怕言过其实；说不好别人又不相信，甚至还认为虚伪，只好不见为好。因此，我才耐得住寂寞，甘于平淡。我知道自己的缺点并不比优点少，并不是所谓的刻意低调。"

当我们追根溯源时发现，任正非之所以这样做，是因为在"文革"期间，由于任正非父亲的原因，任正非也受到了一些不公正的待遇，这让任正非习惯了"不得奖"的平静生活。当"标兵""功臣"等诸多荣誉排山倒海地涌向任正非时，由于受过去经历的"打磨"，任正非已经拥有良好的心理素质，早已淡定如常。

不可否认的是，正是因为经历了多次大起大落，任正非对危机非常警觉，在对华为的管理理念中略带野性色彩，比如他认为做企业就是要发展一批"狼"，因为狼有三大特性："一是敏锐的嗅觉；二是不屈不挠、奋不顾身的进攻精神；三是群体奋斗。"华为正是由于推崇狼性文化，才得以超越爱立信、诺基亚西门子等跨国企业，成为让思科等跨国巨头刮目相看的全球电信设备供应商。在任正非的领导下，华为成功地实施了独特的国际化战略。

第一部分　潜龙勿用

我们要舍得打炮弹，把山头打下来，下面的矿藏都是你的了。在功放上要敢于用陶瓷芯片，要敢于投资，为未来做准备。我们公司的优势是数理逻辑，在物理领域没有优势，因此不要去研究材料。我们要积极地合作应用超前技术，但不要超前太多。我们要用现代化的方法做现代化的东西，敢于抢占制高点。有的公司怎么节约还是亏损，我们怎么投入还是赚钱，这就是作战方法不一样。

——任正非

第一章　华为的帝国时代

　　2015 年 3 月,徐徐春风吹拂华夏大地,华为再次取得佳绩——2015 年 3 月 31 日,华为发布 2014 年年报,2014 年实现全球销售收入 2882 亿元人民币(465 亿美元),同比增长 20.6%;净利润 279 亿元人民币(45 亿美元),同比增长 32.7%。

　　按照这份华丽的成绩单,2014 年,华为不仅在收入指标上稳居全球电信设备市场第一,而且在净利润方面远远超过排名其后的爱立信、阿尔卡特朗讯、诺基亚、中兴通讯这四家之和。华为的净利润水平已经接近中国电信、中国联通两大电信运营商之和。这样的傲人业绩足以说明华为已经进入帝国时代。

　　金融危机时期,全球电信业深受影响,在"寒风萧瑟"中等待春天。然而,华为却依然保持高速增长,给这个行业带来丝丝暖意。据华为官方网站的资料显示,2008 年,华为全球销售收入达到 183.3 亿美元,同比增长 42.7%。2007 年的实际销售收入为 125.6 亿美元,同比增长 48%。而根据之前公布的数字,华为 2008 年的合同销售额为 233 亿美元。按当时的估计,华为的销售收入约为 170 亿美元。因此,183.3 亿美元的销售收入超过了业界预期。此外,华为 2008 年的净利润为 11.5 亿美元,同比增长 20%。截至 2008 年年底,华为的现金流达到 30.8 亿美元。这一切辉煌的成绩,把华为创始人任正非推向了媒体的聚光灯下。

无限风光在险峰

尽管中国占据世界消费产品的大部分市场份额,标有"中国制造"的产品却因被消费者视为廉价和低质量而广受诟病。在 2015 年全国"两会"期间,有两个事件被新闻界大肆炒作——一是"马桶新闻"。日本媒体策划的"马桶新闻"被不明事理的中国记者和拿了巨额广告费的中国媒体广为传播,这样的新闻事件一个接一个发生。在日本购买的马桶居然产自中国杭州,在日本购买的天价大米居然产自中国辽宁。二是"老干妈"产品在国外的价格比在中国贵。"老干妈"辣椒酱的创始人陶碧华说:"我要把老干妈卖到外国去,赚外国人的钱。"

这两个新闻事件让成千上万的中国人热血沸腾。以前,奢侈品在国外的售价往往比在中国低,如今"老干妈"在国外登上了美国奢侈品折扣网站,被网友戏称为"一秒钟变格格",甚至媒体还做了一幅美国自由女神手拿老干妈的画像。这足以说明一瓶小小的老干妈辣椒酱在世界各地深受热捧。然而,在中国企业国际化的征途中,华为相对来说就要低调很多。

最让记者们头疼不已的就是低调的任正非,他几乎不接受媒体记者的采访,其个人公开资料甚少,与他相关的故事更多是来自于《华为人》报。正是因为如此,媒体才把任正非视为神秘人物。

任正非从 1988 年创建华为开始,到将其打造成为世界电信设备供应商,其成功必有外界人士无法知晓的秘诀,这驱使我翻阅各种媒体关于华为的报道,开始梳理华为 20 多年的成功路径。

任正非的低调并不影响外媒对华为的高调评价。2010 年 1 月 27 日,韩国《朝鲜日报》在中国 IT"知本家"系列报道中高度赞扬华为的研发精神,该报还探索了华为的成功秘诀——不断的技术研发和对技术的执着。华为员工在领袖任正非"军人总裁"和"狼性企业家"的影响和带领下,其工作环境绝对不亚于真实的"战场"。

《朝鲜日报》的客观评价还是非常中肯的。2011 年 4 月 18 日,华为公司发布的 2010 年年报显示,华为 2010 年销售收入 1852 亿元人民币,其中海外市场增长了 33.8%。

该报告显示,2010 年华为销售收入增长 22.4%,净利润 238 亿元,增长 12.8%。国内市场收入 648 亿元,增长 9.7%。海外市场增长最为显著,实现收入 1204 亿元,增长了 33.8%,占全部收入的 65%。至 2010 年 12 月 31 日,公司持有现金流 381 亿元。

该报告还显示,华为三大业务主要是电信网络、服务和终端。其中电信网络收入 1229 亿元,增长 23%;服务收入 315 亿元,增长 28.6%;终端发货量 1.2 亿部,收入 308 亿元,增长 24.9%。

从华为的年报不难看出,华为的业绩并未受到金融危机的影响,即使是在 2014 年,业绩依然坚挺——2014 年 3 月 31 日,华为公布了经审计的 2013 年年报,2013 财年华为实现销售收入 2390 亿元人民币(约 395 亿美元),同比增长 8.5%,净利润为 210 亿元人民币(约 34.7 亿美元),同比增长 34.4%。

对比华为、爱立信、思科、阿尔卡特朗讯、诺基亚西门子、中兴通讯这六个企业 2013 年的销售收入和利润(2013 年爱立信营业收入 353 亿美元,与 2012 年基本持平,净利润为 19 亿美元)。华为已经超越爱立信,成为世界屈指可数的领先通信公司。从营收数据来看,2013 年华为的销售收入首次超越爱立信。

华为 2009—2013 年财务概要

	2013 （亿美元）**	2013 （亿元）	2012* （亿元）	2011* （亿元）	2010* （亿元）	2009* （亿元）
销售收入	394.63	2390.25	2201.98	2039.29	1825.48	1466.07
营业利润	48.09	291.28	206.58	187.96	318.06	227.73
营业利润率	12.2%	12.2%	9.4%	9.2%	17.4%	15.5%
净利润	34.68	210.03	156.24	116.55	256.30	194.30
经营活动现金流	37.24	225.54	249.69	178.26	315.55	241.88
现金与短期投资	135.29	819.44	716.49	623.42	554.58	382.14
运营资本	124.12	751.80	638.37	569.96	608.99	432.86
总资产	382.26	2315.32	2100.06	1938.49	1789.84	1489.68
总借款	38.03	230.33	207.54	203.27	129.59	161.15
所有者权益	142.43	862.66	750.24	662.28	694.00	527.41
资产负债率	62.7%	62.7%	64.3%	65.8%	61.2%	64.6%

　　* 由于采用了修订及修改的国际财务报告准则，只为了与本年度列示方式一般，部分比较数字已作复述。

　　** 美元折算采用 2013 年 12 月 31 日汇率，即 1 美元兑换 6.0569 元人民币。

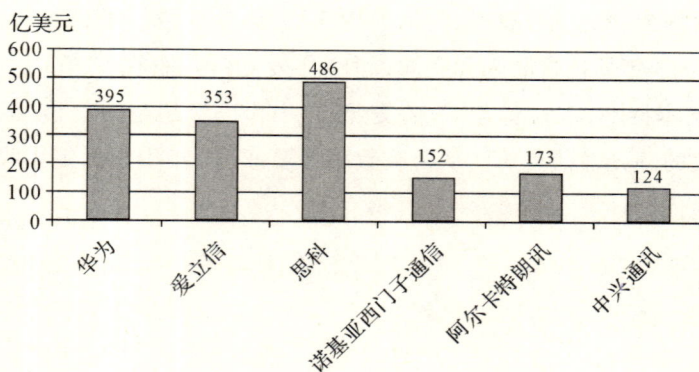

世界六大通信企业 2013 年的销售收入对比

亿美元

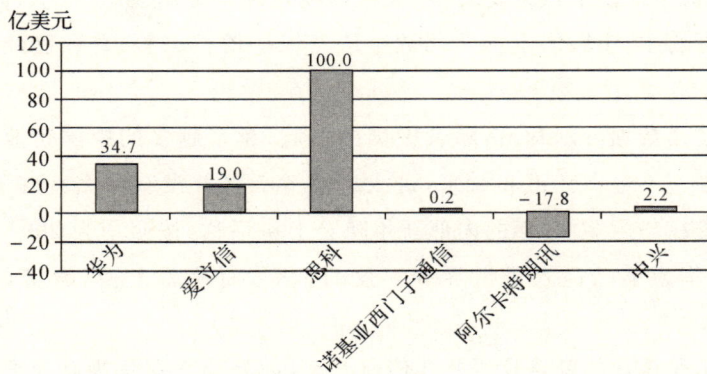

世界六大通信企业 2013 年的利润

上述几组数据足以说明,尽管任正非异常低调,但是随着华为集团实力的增长,任正非无疑已经是全球 IT 行业都非常关注的重要人物之一。在任正非的带领下,华为与思科、爱立信、诺基亚西门子、阿尔卡特朗讯和中兴通讯成为世界六大通信设备企业。

世界 500 强俱乐部显身手

2014 年 7 月,美国《财富》(Fortune)杂志发布了最新的世界 500 强排行榜。在此次排行榜中,作为中国互联网公司的华为及联想集团排名较 2013 年均有所提升。2013 年,华为排名第 315 位,2014 年上升至第 285 位;而联想集团 2013 年排名为第 329 位,2014 年则上升至第 286 位。同时,中国三大运营商中国移动、中国电信和中国联通也都进入《财富》世界 500 强排行榜,分别排名第 55 位、第 154 位和第 210 位,排名较 2013 年也均有所提升。

一个值得关注的问题是,在此次排行榜中,美国零售业巨头沃尔玛连锁店重回世界 500 强排行榜榜首。中石化则取代了埃克森美孚,排在探花的位置,此举终结了埃克森美孚、沃尔玛和壳牌三足鼎立的时代。同时,在此次排行榜中,中国的上榜公司数量依然保持增长态势,总数已经创纪录地达到 100 家。

从这组数据可以看出,随着中国的崛起,越来越多的中国企业进入世界 500 强。不过在任正非看来,进入世界 500 强并没有什么特殊的意义。任正非曾在华为 2008 年的内部新年晚会上讲话称,按照华为 2007 年销售额计算,华为早已进入了世界 500 强的行列,而并非上榜《财富》杂志的 2010 年。

任正非这样的豪言壮语并非信口开河,而是建立在华为高速成长的基础之上的。的确,2008 年由于美国次贷危机引发全球金融危机,发达国家整体陷入萧条之中,经济复苏乏力的欧美企业更是感到生存的艰难,大部分欧美传统设备商在盈亏之间无奈地挣扎着。

然而,当其他传统设备商胆战心惊地生存时,华为的增长势头却没有减缓的迹象。2008 年 4 月,负责华为美国市场的高级副总裁查理·陈(Charlie Chen)在美国拉斯维加斯举行的 CTIA 无线通信展上接受媒体采访时高调地宣称:"华为 2008 年订单销售额计划达到 220 亿美元,比 2007 年增长 37%。"

公开资料显示,华为在 2007 年接到的订单销售额为 160 亿美元,比 2006 年增长了 45%。据查理·陈介绍,华为的增长动力主要依靠国际市场——非洲、亚太地区、欧洲、中东以及拉美地区贡献了 72% 的销售额,大约为 115 亿美元。

从数据上看,华为的增长正在加速。华为 2006 年的订单销售额为 110 亿美元,其中 65% 来自国际市场,增长率为 34%。华为凭借这样的增长速度,才令任正非说出"按照 2007 年销售额计算,华为已经进入了世界 500 强"的豪言壮语。

不过,值得注意的是,由于不是上市公司,华为对外公布的都是订单销售额,而对于设备商来说,订单额与实际销售额之间一般有一定差距。相比之下,华为的主要竞争对手都预计 2008 年的收入增长只能保持个位数。① 2009 年 4 月 22 日,华为发布的 2008 年年报显示,2008 年华为全球销售收入达 183.3 亿美元,同比增长 42.7%;净利润达 11.5 亿美元,同比增长 20%,净利润率 6.28%。2011 年,在中国大陆地区市场,华为以 16.5% 的交换机品牌关注位居第三,见下图。

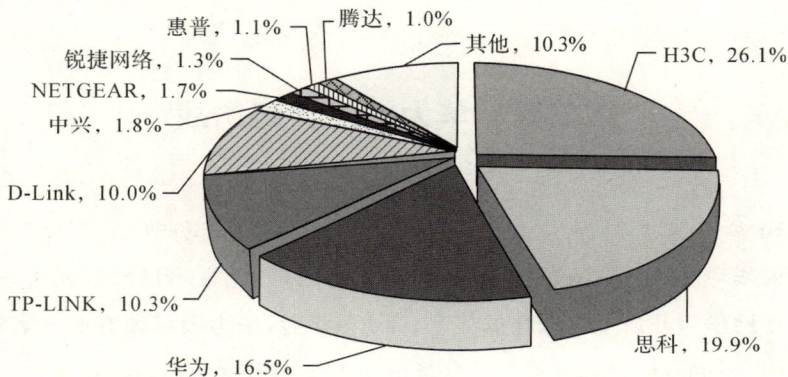

2011 年中国交换机品牌关注比例分布

---

① 马晓芳.任正非称华为已进世界 500 强 销售额 160 亿美元[N].第一财经日报,2008-04-08.

第二章　华为的思科阻击战

10 多年前,思科为了打压华为的发展,不惜以知识产权之名悍然发动了剿灭华为的第一场战争,让思科没有想到的是,此举不仅没有剿灭华为,反而帮助华为开启了全球化的战略。10 多年后,华为因莫须有的罪名惨遭美国国会阻击,这个幕后推手和这场战争的受益者就是思科。

2012 年 10 月 11 日,美国《华盛顿邮报》(*The Washington Post*)以"华为的美国竞争对手参与推动对其审查"为新闻标题报道了此次事件:一位熟悉思科销售战略的匿名人士透露,2011 年 9 月思科曾在业界广泛散发 7 页文件《华为和国家安全》,文中称,"对华为的恐惧正在全球散播,华为难以脱离其同中国人民解放军和中国政府的关系,尽管其公开否认",鼓动美国企业不要和华为合作。

可能读者会问,思科为什么不惜一切手段要把华为和中兴驱赶出美国市场呢?因为它们威胁到了思科的利益。据公开数据显示,截至 2012 年 7 月底的 2012 财年,思科年收入 460.6 亿美元,毛利 287.1 亿美元(毛利率 62.33%),纯利 80.4 亿美元(利润率 17.46%)。然而,同时期的华为的利润率仅仅为 9.1%,与思科的 17.4% 相差甚远。

不过,让思科惧怕的是,在思科的总收入中,美国市场的贡献率高达 60%,一旦思科失守美国市场,无疑将对其一贯的高额利润产生巨大的冲击,不仅会导致利润大幅下滑,同时也将面临一个灾难性后果。在这样的背景下,思科不惜重金游说美国国会打压华为,目的是为了构筑市场壁垒,更好地保卫其在美国市场的垄断地位。根据美国政治捐献数据库(opensecrets. org)的数据统计显示,思科从1998年就开始游说国会,15年来游说费用累计高达1572.52万美元。仅2010年第四季度,华为花在美国的游说费用就高达35万美元。经过10多年的发展,华为的员工数已经超越思科;而按照增长率及利润计算,双方实际的市场价值目前也已旗鼓相当。所以,未来的3~5年将是华为和思科谁是全球市场的王者之争的关键时刻,思科选在这个时候挑起阻击战,可见其"司马昭之心"。① 为了击败思科,华为采取了自己独特的迂回进攻方法,以先进攻欧洲市场,再进攻美国市场的战略,使得思科在"诺曼底"遭遇华为的登陆战。

华为的急行军令思科恐惧

在竞争日趋激烈的企业丛林法则中,只有优胜者才能获得生存的机会。思科CEO、全球经济晴雨表代言人约翰·钱伯斯(John Chambers)预计,在25年前的"财富500强"企业中,如今仍在生存的只有24%。然而在25年后,今天全球的主要企业可能仅仅只剩下1/3。为此,约翰·钱伯斯忧虑地认为,科技产业的高速发展将成为该市场的主要竞争对手,甚至给地球上每一家企业带来一场"大屠杀"。

约翰·钱伯斯得出此结论的依据是:"你将会看到IT市场进行一场残酷、无情的整合,在前5大IT厂商中,将只有2家或3家能够继续保持5年前的发展速度。我们知道,我们必须要学会改变。"

---

① 魏艳. 思科参与推动审查"华为事件"背后抹黑价值观失守[EB/OL]. 2015. http://news. xinhuanet. com/fortune/2012-10/25/c_123868801. htm.

需要指出的是,思科、IBM、惠普、微软和甲骨文是约翰·钱伯斯所指的 5 大 IT 厂商。虽然约翰·钱伯斯并未指出这 5 大 IT 公司的哪家公司将被边缘化,但是他却以惠普和 IBM 为例来说明这场"屠杀"的残酷性。他举例说:"在前 5 大 IT 厂商,惠普和 IBM 在过去两年半的时间内遭遇了灾难性打击,营收并未出现增长。"

事实上,约翰·钱伯斯以惠普和 IBM 举例,是因为全球 5 大 IT 厂商在过去几年中的营收表现,思科和微软的表现相对强劲,而 IBM 和惠普的表现却非常糟糕,见下表。

思科、IBM、惠普、微软和甲骨文 2011—2014 年的营收　（单位：％）

第四季度	2011 年				2012 年				2013 年				2014 年		
	第一季度	第二季度	第三季度	第四季度	第一季度	第二季度	第三季度	第四季度	第一季度	第二季度	第三季度	第四季度	第一季度	第二季度	第三季度
思科	19	6	5	3	5	11	7	4	6	5	5	6	2	−8	−6
惠普	8	4	3	2	−4	−7	−3	−5	−7	−6	−10	−8	−3	−1	—
IBM	3	7	8	12	5	3	2	0	−5	−1	−5	−3	−4	−6	−4
甲骨文	47	36	12	11	2	3	1	−2	3	−1	0	2	2	4	—
微软	25	15	13	8	7	5	4	0	8	0	3	8	7	14	8

约翰·钱伯斯依据上表中的数据指出,经过过去几年的竞争,思科最初的竞争对手大部分已经被市场淘汰。按照约翰·钱伯斯的预想,到 2018 年,思科的主要竞争对手将只剩下 IBM、HP、Intel、Dell、SAP 和 Microsoft 等。不过,在上述竞争对手中,让约翰·钱伯斯感到恐惧的,居然是来自中国的华为。

美国《华尔街日报》记者问时任思科 CEO 的约翰·钱伯斯:"在所有的公司中,哪一家让你最担心?"他毫不迟疑地回答:"这个问题很简单,25 年以前我就知道,我们最强劲的竞争对手将会来自中国,现在来说,那就是华为。"

这并不是约翰·钱伯斯第一次在公开场合高度评价华为了。而《IT 时代周刊》是这样评价他的:"20 多年来,在思科董事会主席兼首席执行官约翰·钱伯斯的带领下,弱小的思科逐渐成长为硅谷以及全球最耀眼的明星。21 世纪初,思科曾摘取 5000 亿美元全球市值最高公司桂冠。"

众所周知,如果按照不同的产品线划分,思科的竞争对手多如牛毛,但真正对思科产生威胁并让钱伯斯忌惮的凤毛麟角。

在 2011 年的思科分析师大会上,作为 CEO 的约翰·钱伯斯就逐个点评了思科的竞争对手。在过去 16 年中,Juniper 一直是思科重要的对手之一,其步步紧逼的态势让思科有点喘不过气来,然而,钱伯斯却认为,Juniper 并不是思科的主要竞争对手。

当思科在 2008 年推出服务器之后,其原来重要的合作伙伴——惠普也开始参与到服务器的竞争中。惠普的加入无疑使其与思科决裂,特别是惠普收购 H3C 之后,思科与惠普的关系已经势同水火。

而约翰·钱伯斯似乎并不在意一直在服务器领域扩张的 IBM。他认为惠普与思科在战略和市场上更为接近。在这样的背景下,他把思科的战略放在全球范围,其目标是击溃惠普。

在所有竞争者中,华为似乎比前两大劲敌更能赢得约翰·钱伯斯的赞誉,被其称为最强劲的对手。约翰·钱伯斯表示,思科将在本土及全球市场与华为全面开战。从约翰·钱伯斯嘴里说出这样的话实在让人惊讶万分。如果将华为列为最大竞争对手的是爱立信,那么还算是顺理成章,可是,将华为视为"眼中钉"的却是思科。① 在通信行业这个"丛林"中,华为得到世界 500 强企业思科 CEO 约翰·钱伯斯的高度关注,原因就是华为非常出色的业绩和特立独行的研发思路。

思科创建于 1984 年 12 月,由美国斯坦福大学计算机系的计算机中心主任莱昂纳德·波萨克(Leonard Bosack)和商学院的计算机中心主任桑

---

① 马晓芳.华为战思科即将上演:双方技术差距明显缩小[N].第一财经日报,2012-04-12.

蒂·勒纳(Sandy Lerner)夫妇在美国旧金山(San Francisco)成立。

思科在成立之初,原想使用思科公司注册地旧金山作为公司的名称,但按照旧金山当地的法律,任何公司不得以城市名作为企业的品牌名称。在这样的情况下,莱昂纳德·波萨克夫妇将 San Francisco 的后 5 个字母 cisco 作为公司名称,同时将旧金山的代表性建筑——金门大桥作为思科公司的标志。经过不断的演化,金门大桥的痕迹依然可见。

思科公司标志

莱昂纳德·波萨克夫妇设计了叫作"多协议路由器"的联网设备,用于斯坦福校园网络(SUNet),将校园内不兼容的计算机局域网整合在一起,形成一个统一的网络。这个联网设备被认为是联网时代真正到来的标志。

1986 年,思科第一台多协议路由器上市;1991 年,约翰·钱伯斯加入思科;1993 年,世界上出现第一个由 1000 台思科路由器连成的互联网络;1996 年,约翰·钱伯斯执掌思科帅印,从此思科进入了一个迅猛发展的时期。如今的思科已经被誉为互联网时代最佳网络公司、公认的全球网络互联解决方案的领先厂商。目前,思科给世界各地成千上万的企业、大学以及政府部门建立互联网提供解决方案,其用户遍及电信、金融、服务、零售等行业以及政府部门和教育机构等。

思科是建立网络的一支中坚力量,目前互联网上近 80% 的信息流量经由思科系统公司的产品传递,它已经成为毋庸置疑的网络领导者。思科

2014 财年的营业额为 471 亿美元,同比 2013 财年下降 3%,净收入 79 亿美元,较 2013 财年的 100 亿美元下降 21.3%。

截至 2014 财年第四季度末,思科公司持有的现金、现金等价物和投资为 521 亿美元,第四季度非 GAAP 每股收益为 0.55 美元,同比增长 5.8%。对此,思科董事会主席兼首席执行官约翰·钱伯斯回应说:"我们在一个艰难的环境中实现了良好运营,获得了我们历史上最好的季度非 GAAP 每股收益。我对公司在过去几年进行的转型感到满意,我们将再接再厉。我们专注于增长、创新和人才,尤其是在安全、数据中心、软件、云和万物互联等领域。思科拥有有力的战略、强大的财力以及稳固的市场领导地位。我们的团队具有独特优势,致力于帮助客户解决他们最大的业务问题。"

以知识产权的名义阻击华为

当思科在高速跑道上行进时,来自中国的华为异军突起。华为与思科的创建时间大致相当,同样在成立短短 20 多年时间就在世界舞台上有所作为。华为的崛起令竞争者们胆战心惊。

在世界范围内,特别是在一些发达国家,由于地缘政治的原因,思科已经成为该行业的垄断者。华为创建的时间仅比思科晚 4 年,即使从华为正式涉足通信设备制造领域的 1992 年左右算起,也仅仅只晚了 8 年。接管思科帅印近 20 年的老牌 CEO 约翰·钱伯斯自然不愿意让后来者华为追赶上自己。从 1995 年以来,约翰·钱伯斯成功地将思科的销售收入从 12 亿美元增长到 2014 财年的 471 亿美元。而华为从 2004 年 313 亿元人民币的销售额到 2014 年的 460 亿美元,足以证明它的急行军速度。

华为在 20 世纪 90 年代中期开始涉足通信设备时,借鉴和参考甚至模仿思科都在所难免。然而,华为通过不断地摸索与改进,在产品技术、服务质量和企业管理上都有了较为长足的发展。不但占据了大片中国通信市场,其产品还在亚非等国家赢得了不错的反响,获得的专利每年突破 1000 余件,甚至在 2015 年年初首次闯入 2014 年度美国专利授权 TOP 50 排行榜,排名由 2013 年的第 51 位升至第 48 位。

据公开资料显示,2014 年,美国专利局共授权专利共计 326182 件,较 2013 年增长了 7.4%。遗憾的是,美国历年发布的专利授权 TOP 50 榜上却鲜有中国企业入榜。2013 年,来自中国台湾省的鸿海、台积电,以及鸿海位于深圳的子公司——深圳鸿富锦精密三家企业上榜,而华为公司也因为排名 51 位名落孙山。2014 年,华为以 755 件发明专利,成功上榜 2014 年度美国专利授权前 50 位,排名 48 位。不仅如此,在中国,华为 2014 年发明专利授权量第一,已经完全达到世界一流水平,被业内冠以"中国的思科"称号。

华为这样的发展势头,约翰·钱伯斯自然是不愿意看见的。经过多年的发展,思科惊奇地发现,在美国这个高科技发达国家且是思科的大本营,竟然开始销售华为的中国通信器材。尽管华为在美国拓展的业务不过是其全球化业务之一,但对此思科是不能接受的。华为在技术管理和研发方面已经不再被思科牵着鼻子走,而是依据不同的合作者发布不同的解决方案来影响用户,这样的改变让思科越来越清楚地意识到,华为将给思科带来巨大的威胁。

于是,早在 10 多年前,思科就已经开始打压华为的生存空间。2003 年 1 月,思科开始向华为发起第一轮进攻,在美国正式对华为提起几乎涵盖了互联网技术知识产权法的所有方面的诉讼,其起诉的理由包括盗用以太网的套片技术、路由器硬件技术、路由器软件技术等等。

思科的做法绝不是首次。早在 1998 年,在当时占据市场绝对份额的朗讯为了打压思科,就以这些为由起诉思科侵犯其知识产权,其间还有多家企业控告思科盗用其知识产权。仅仅过了 5 年,思科就已成为行业霸主,但却沿用了竞争对手打压自己的方法来打压华为,目的就是企图将华为挡在自己好不容易筑起的通信壁垒之外,维持自身的既得利益和市场地位。

思科在这场以知识产权为阻击战的官司中,最为担心的政府干涉问题并没有发生。当思科诉讼华为几个月后,与华为结盟的美国另一家路由器生产厂商——3COM,用自己的信誉为华为作证,才使华为在美国本土艰难地立足。正是因为3COM的背书,使得这场耗时一年半之久,吸引无数研究者关注的跨国知识产权纠纷以庭外和解的方式悄然落幕。

事实上,思科与以华为为首的中国本土企业短兵相接,源于思科在国际化的征途中遭遇挑战,特别是在中国市场上。由于近年来中国政府为节省资金,按实际功能需求采购设备,使得像思科这样的跨国企业渐渐地失去了较大的市场份额。

为了争夺这部分失去的市场,思科与华为展开了一场近乎残酷的"肉搏"。再加上华为在国际化中把产品销售到了思科的主场,为了阻击华为的发展,思科不得不在知识产权方面寻找突破点。

事实上,跨国公司为了打压中国本土企业,经常采用诉讼的手段恫吓中国企业经营者。

2007年,北京奥运会的前一年,世界都把目光聚焦在东方拥有几千年悠久历史的中国。在国外众多的媒体中,好奇、质疑等好坏参半的信息在世界各地传播。

然而,一个普通的商业纠纷却犹如一声惊雷,打破了千年古城杭州的宁静。2007年夏天,一场并购与反并购的大戏徐徐地拉开序幕,时任法国达能集团董事长弗兰克·李布与娃哈哈董事长宗庆后公开对决。

公开资料显示,娃哈哈与达能从合作到反目只有10年时间。当初娃哈哈与达能联姻曾使不少企业家为之欢欣鼓舞,他们期待着一桩技术换市场、利润换管理的跨国联姻能够为中国饮料行业带来新的生机。但是10年后,两个曾经彼此寄予厚望的合作伙伴却反目成仇,达能以法律诉讼为矛,娃哈哈同样拿起法律的武器,给中国企业界开了一个好头。①

---

① 林景新.娃哈哈:错位博弈[J].中国经济信息,2007(11).

2007 年 4 月 3 日,《经济参考报》刊发了一篇名为《宗庆后后悔了》的文章,引发企业家、研究者、媒体的广泛关注。

这篇副标题为"合资之初达能于'不经意'中设套,十年之后娃哈哈遭遇强行并购"的文章介绍,娃哈哈的创办者及掌门人宗庆后,最近遭遇了一件忧心的事:法国达能公司最近欲强行以 40 亿元人民币的低价并购杭州娃哈哈集团有限公司总资产达 56 亿元、2006 年利润达 10.4 亿元的其他非合资公司 51％的股权。[①]

面对达能的强行并购,宗庆后忧心忡忡。一旦达能强行并购成功,中方将丧失对娃哈哈的绝对控股权。宗庆后在这场持续了 10 多年的"娃哈哈保卫战"中一直坚持的中方主动权将化为泡影,这无疑是一次冒险的对决。

当达能和娃哈哈的战略相左时,达能不顾娃哈哈合资公司的利益,并购了当时娃哈哈最大的竞争对手乐百氏 92％的股权。危机意识较强的宗庆后意识到,与达能的合作不仅不能产生积极的意义,甚至还有可能限制娃哈哈的发展。

在达能不支持西进战略后,1999 年,宗庆后和中方决策班子商量决定,由职工集资持股成立的公司出面,建立一批与达能没有合资关系的公司。在这样的背景下,娃哈哈非合资公司开启了一个全新的时代,不仅肩负西进战略,而且响应国家号召,开展了支援西部、革命老区和三峡库区建设等活动。

在西进战略中,这些娃哈哈非合资公司取得了不错的业绩。其后的几年中,娃哈哈集团的战略布局已经成熟,不仅在西部地区、革命老区和三峡库区等地布局,还投资了多个相关产业公司。2006 年,这些相关产业公司总资产达到 56 亿元,当年利润达 10.4 亿元。

公开资料显示,这些相关产业公司之所以没有注入娃哈哈合资公司,是因为达能和娃哈哈双方在战略发展上产生了分歧。

这就是 2008 年达能以商标使用合同中娃哈哈集团"不应许可除娃哈

---

① 张乐,裴立华,王小波. 宗庆后后悔了[N].经济参考报,2007-04-03.

哈达能合资公司外的任何其他方使用商标"为由,要求强行收购这几家公司的导火索。

达能绝对不能容忍娃哈哈合资公司 2006 年销售额高达 200 亿元,利润仅仅只有 20 亿元,而非合资公司总资产才 56 亿元,销售规模也小得多,但利润却高达 10.4 亿元。

早已有所打算的达能绝对不会放过这次难得的机会,开始了一系列的诉讼战。当然,在巨大的商业利益面前,曾经海誓山盟的契约都是不堪一击的,达能与娃哈哈从合作走向决裂,似乎在多年前就已埋下了种子。即使没有这件事,也会有另外的事件。

在这起事件背后,达能真正的目的还是觊觎娃哈哈非合资公司良好的业绩。达能以商标使用合同中娃哈哈集团"不应许可除娃哈哈达能合资公司外的任何其他方使用商标"为由,要求强行收购这几家由娃哈哈职工集资持股成立的公司建立的、与达能没有合资关系的公司。这让宗庆后火冒三丈,他不能接受这样的做法。

据宗庆后介绍,这些年来,娃哈哈为了履行与达能的合约,就连不是与达能合资公司生产的产品也是通过双方合资的销售公司进行销售的,这已经为达能赚取了巨额利润,现在达能又要以低价并购其他公司,完全没有道理。此外,娃哈哈集团公司与达能公司同样是合资公司的股东,一方股东限制另一方股东的发展亦有失公允。

不仅如此,达能公司一直压低在娃哈哈的投资额,而且对员工的工资、福利亦不愿多作考虑。宗庆后算了一笔账:10 年来,达能在娃哈哈仅投资了 1.7 亿美元,连买设备、建厂房都不够,至今缺口尚达 16.04 亿元人民币,全靠娃哈哈的资金在周转。而这 10 年来达能已获分红 3.8 亿美元,折合人民币 31.39 亿元,而且合资公司的资产还增值了 51％。[①]

如前所述,娃哈哈的很多中长期投资都遭到达能的反对。宗庆后对于

---

①　张乐,裴立华,王小波. 宗庆后后悔了[N]. 经济参考报,2007-04-03.

达能的功利做法表示出强烈的不满。同时,10年的接触也使其对达能的管理能力和实际目的产生了担忧。宗庆后说:"我们当初的许多投资决定,都曾遭到达能的抵制和反对,并拒绝投资。但当娃哈哈将企业办好了,产生经济效益了,达能却又要强行投入。对于一些暂时还产生不出效益的产品,达能已投入的亦要求退出。"

宗庆后也解释了自己为什么要组建娃哈哈非合资公司。达能公司在中国除了收购娃哈哈的39家企业之外,还收购了娃哈哈当时最大的竞争对手广东乐百氏饮料公司98%的股权。让宗庆后忧虑的是:"但它接管后,乐百氏就一直亏损,这让我不由为'娃哈哈'的品牌担忧。"

尽管宗庆后赢得了诉讼,但是面对曾来势汹汹的达能,回想达能与娃哈哈十年合作之路,宗庆后无疑对"没有永远的朋友也没有永远的敌人,只有永远利益"这句名言有了更为深刻的理解。

不过,让达能没有想到的是,通常的以诉讼营销为胁迫的跨国公司做法却让达能满盘皆输,不仅输了官司,还输了品牌信誉度。

不管是思科还是达能,为了剿灭竞争对手,经常以诉讼为大棒,企图在恫吓中打压中国企业。众所周知,跨国企业之间的诉讼战争,特别是以知识产权为核心的诉讼,已经成为跨国企业打压对手的一个关键举措。这使得越来越多的跨国企业重视知识产权的管理。在欧美等发展国家,像思科这样的大型企业为了设置行业壁垒,在知识产权的管理和保护方面历来都极为重视。1994年,思科在当年的收入达到10多亿美元时,就开启了自己的专利池计划,其目的还是为了构建强大的专利群,打击行业竞争者。公开资料显示,截至2003年,仅仅在美国一个国家,思科已经成功申请到专利的产品数量就达到1000多个,另外还有2700多个产品正在接受美国专利办公室的评审。在这样的专利战略中,专利可以保护思科进行创新,同时也可以阻击行业竞争者。不仅如此,思科还可以通过研发新产品并为其申请专利,让自己拥有更多的核心竞争力,并将这些新技术转变为增值产品,提供给思科的客户。

为了应对思科的入侵，华为也有自己的一套知识管理体系，可以说华为对知识产权的重视程度丝毫不亚于思科。华为从创立北京研究所起，就致力于自主知识产权的研发。随着实力的增强，华为在世界各地已经建立了 6 家华为研究所，仅海外的市场研发人员就超过 2000 人；仅 2005 年一年，公司开发的专利就超过 3000 件，甚至走到了思科的前面。这也是思科大张旗鼓地对其进行法律诉讼的诱因之一。[①]

华为的"诺曼底登陆"

在国际化过程中，华为为了拓展更多的国际市场，不得不迂回前进。当美国以安全为借口打压华为之后，华为不得不另辟蹊径，从欧洲市场打开欧盟的通信市场。在华为与思科这两个王者的对决中，华为就以"诺曼底登陆"打开了思科市场的缺口。

位于法国西北部著名历史和文化大区的诺曼底，因第二次世界大战中的"诺曼底登陆"一战广为人知。诺曼底面积约 3 万平方公里，海岸线全长 600 公里，这些海岸几乎都是悬崖峭壁，北临英吉利海峡，与英国遥遥相望。

然而，正是因为拥有这样的特殊地理位置，才让诺曼底成为第二次世界大战的重要节点。

1944 年 6 月 6 日早 6 时 30 分，盟军在欧洲西线战场发起了一场大规模攻势。此次作战行动的代号就是闻名世界的"霸王行动"（Operation Overlord）。这次军事行动直到 1944 年 8 月 19 日盟军渡过塞纳-马恩省河后才结束。军事专家撰文坦承："诺曼底战役是目前为止世界上最大的一次海上登陆作战，牵涉接近 300 万士兵渡过英吉利海峡前往法国诺曼底。"

---

① 钱少奇. 国际化发展战略浅析国际化发展战略浅析. ［EB/OL］. 2015-07-21. http://www.doc88.com/p-4793930298303.html.

在华为的国际化征途中,其市场拓展比当年的盟军还要艰难。当思科阻击华为国际化失败后,华为就成为思科最为强劲的竞争对手。这从约翰·钱伯斯的忧虑中得到了非常明确的证实。约翰·钱伯斯作为思科多年的掌门,从不讳言对华为的恐惧,甚至达到了"最高警惕"的程度。

从 1999 年以来,思科引以为豪的企业服务器和高端路由器市场被华为渐渐蚕食,华为让一直独大的思科丢掉了全球企业服务器和高端路由器的垄断地位,在中国,思科服务器业务市场的份额甚至跌至 10%。

的确,一路高歌猛进的华为给充满傲慢和偏见的思科这个跨国巨头留下了太多的伤痕和难以平复的回忆。据公开的数据显示,2011 年,高速成长的华为在全球通信设备领域获得突破性进展,其年销售收入已达到 320 亿美元,地位仅次于爱立信,规模直逼思科。尽管如此,危机意识较强的任正非不会因此而满足。2011 年,华为再次发力,成立三大业务集团(即 BG,Business Group),开启了向跨运营商网络、企业业务、消费者业务的端到端的 ICT 解决方案供应商的战略转型,这样的战略转变无疑是把企业 IT 市场作为其战略发展的重要方向,新一轮的全球企业 IT 市场争夺战的烽火已经不可避免地燃起。

华为之所以成立企业业务新军团,是因为云计算与物联网技术在发展过程中促进了企业信息化革命,而这一革命性的变革无疑给华为带来了全新的巨大的商业机会。在这样的背景下,巨大的商机推动着华为成立新的企业业务集团,全面地拓展企业基础网络、统一通信与协作、云计算与数据中心以及企业信息安全领域的市场。华为的这些战略拓展,剑指被思科视为"大粮仓"的企业 IT 市场。

时局的变化使得思科面临着 15 年以来最为艰难的挑战,曾经被硅谷视为最出色 CEO 的约翰·钱伯斯已不再神气,曾经雄踞"千亿俱乐部"的思科,利润率一再下滑,市值已经跌出了"千亿俱乐部",一些悲观的观察家甚至还认为,思科会重蹈诺基亚的覆辙。

这样的战略判断基于华为强势地展现了后发制人的太极拳招式。

2012 年 6 月 6 日,华为有条不紊地推出了全新产品——Cloud Engine 系列数据中心交换机,该产品可为企业提供最大单框为 48T 的交换容量。普通消费者可能难以理解这一行行的数据链。但是对于网络设备业界来说,此举可以说是几经磨难的华为终于踢开了思科这个为大企业看护"后院"的大门。在这场以大数据、云计算为基础的企业数据中心网络革命才开始时,思科就把企业交换机领域禁锢了,当华为强劲的超级冲击波涉足该领域时,思科当然不愿意看到自己的霸主地位被竞争者觊觎。

时任华为企业业务 CEO 徐文伟在接受媒体采访时介绍,Cloud Engine 12800 的交换容量"至少领先行业 1 年",已经达到 3 倍于业界的水平。徐文伟坦言,华为之所以能够快速地推出 Cloud Engine 12800 系列产品,离不开华为在 IP 领域的持续积累。华为在芯片、软件平台、硬件设计、工程能力等方面都大力投入了研发,已经掌握了最为先进的技术。

在徐文伟看来,华为此次研发 Cloud Engine 系列数据中心交换机,凭借着技术创新,既显示出华为摈弃了以前的跟随战略,同时也告诉客户,作为世界 500 强的华为高度重视企业市场并具备世界一流的技术实力。

在海量资讯和大数据背景下,全球各大企业、机构都需打造易扩展、虚拟化和融合性的数据中心网络架构,以应对云时代数据中心所面临的新挑战,包括成倍增长的数据流量、大规模的虚拟机迁移以及不同种类网络的融合等。云计算的大规模实施,令企业不得不面对如下问题:大量的应用服务器集中在一起,如何有效地运行;云计算将跨越广域网运行,如何有效解决网络接入问题;真正的云计算结构将会有分布式的多个数据中心,这些分布在各地的数据中心如何有效协调;庞大的数据将如何有效、安全地存储、管理。[①]

正如 ZK Research 的首席分析师 Zeus Kerravala 在接受媒体采访时介

---

① 刘启诚.华为如何攀上 ICT 市场老大这座高峰 [EB/OL]. 2012-05-11. http://www.cww.net.cn/news/html/2012/5/11/2012511142951736.htm.

绍:"通过 Cloud Engine 12800 系列以及云网络架构的发布,华为将为客户提供一个极具参照价值的网络结构以及拥有高度扩容性、融合性和虚拟化程度的平台。"

在 Zeus Kerravala 看来,从华为的公司架构设计上可以看到任正非的战略布局,同时他也非常看中作为三大业务运营中心之一的华为企业业务 BG。按照华为此前制订的战略规划,到 2015 年,华为企业业务的合同收入将达到 150 亿～200 亿美元,约占华为收入总额的 20%。

如今的华为,正手持企业业务新军团手中的杀伤性武器——Cloud Engine 系列产品开赴世界各地的企业 IT 新战场,特别是欧盟战场。华为要想拿下欧盟市场,不得不进行自己的"诺曼底登陆"战。这是一场华为不得不拿下的战役。因为在"英吉利海峡"的对面是一个拥有 1 万亿美元的企业市场规模。同时,产业界也都在关注 ICT(即 Information Communication Technology,信息通信技术)融合、移动互联网、云计算、物联网……可以预见,未来该市场不仅潜力巨大,而且其市场空间超出想象。

如此巨大的市场是极具诱惑力的,华为不可能对此无动于衷,必然将涉足企业市场,然后攻城略地。在思科面前,华为不仅是一个意志坚定、行动果断的对手,同时还是一个把进攻当作防守的对手,这令约翰·钱伯斯胆战心惊。

为此,思科凭借自己在企业市场领域强大的实力,集中精力专注于企业市场,试图将华为阻击在"诺曼底"。当然,作为吹响战斗号角的华为来说,这次的诺曼底登陆战也许是华为从未经历过的攻坚战。华为之所以敢剑指"诺曼底",是因为如今的华为已经不再是 10 多年前那个与思科对簿公堂的中国小公司。年轻力壮的华为与思科同样都是世界 500 强企业,同样拥有强大的技术研发团队,华为的技术和产品开发实力都不容小觑,初次亮相就能够推出领先行业的顶尖产品。

在"诺曼底"这场攻防战中,思科和华为这两个老对手再次争夺企业市场的这个高地,尽管这场大战才刚刚开始。不过,在研究专家看来,华为和思科争夺的是一块潜力巨大的市场蛋糕,谁都没有这个能力独吞。不过,随着竞争的日趋激烈,无疑拉高了竞争的门槛。

在《华为 VS 思科:王者的对决》一文中,作者指出,"今天的世界上,有资格在未来的信息通信领域成为一揽子解决方案供应商的公司大概只有华为和思科两家,双寡头的业态格局势成必然。"

在该学者看来,在信息通信领域,王者永远只有一个。华为和思科这两家企业,谁最终成为通信行业的定义者,谁最终成为执牛耳的霸主,现在下结论还为时尚早,因为新老王者的对决才刚刚开始。

第三章　进攻是最好的防守

在历代的战争中，往往都强调防守，对战对方不仅会修筑坚固的堡垒和堑壕，甚至还会修建一条足够深的护城河，认为这样的军事工事就足以抵挡敌军的进攻，这还是冷兵器时代的战争思维。

在军事专家看来，最好的防守却是进攻，这样的理论是基于一个全新的战争思想：被动的防守会引起蝴蝶效应，士兵在长时间的防守后负面情绪可能会蔓延到整个防守部队中。这样的理论同样适用于企业管理。

作为军人出身的企业家，任正非欣赏进攻式防守的战略思维。在华为的内部讲话中，任正非经常按照这样的思路来布局。如 2013 年 9 月 5 日，任正非在接受华为内部无线业务汇报时指出："要敢于打破自己的优势，形成新的优势，最好的防御就是进攻。"

在任正非看来，在攻城略地的市场拓展中，除了进攻，还是进攻，只有进攻才能真正地打败对手，因为仅仅防守中国市场是不够的，在全球化浪潮下，中国市场已经是跨国企业觊觎的大蛋糕，只有更好地实施国际化战略，主动出击欧洲市场，拓展非洲、印度等市场，才能有效地"围魏救赵"。

马其诺防线是防不住德军的

　　在实际的经营中,企业之间的攻防就如同战争各方的交战一样。电视剧《亮剑》中,李云龙就把"进攻是最好的防守"战略发挥到了极致,并称之为"亮剑精神"。

　　李云龙是这样解释"亮剑精神"的:

　　　　同志们,我先来解释一下什么叫亮剑。古代剑客们在与对手狭路相逢时,无论对手有多么强大,就算对方是天下第一剑客,明知不敌,也要亮出自己的宝剑,即使倒在对手的剑下,也虽败犹荣,这就是亮剑精神。事实证明,一支具有优良传统的部队,往往具有培养英雄的土壤,英雄或是优秀军人的出现,往往是由集体形式出现,而不是由个体形式出现,理由很简单,他们受到同样传统的影响,养成了同样的性格和气质。例如,第二次世界大战时,苏联空军第十六航空团 P39 飞蛇战斗机大队,竟产生了 20 名获得苏联英雄称号的王牌飞行员,与此同时,苏联空军某部施乌德飞行中队,产生了 21 名夺得苏联英雄称号的模范飞行员,任何一支部队都有自己的传统,传统是什么? 传统是一种性格,是一种气质,这种传统和性格,是由这支部队组建时首任军事首长的性格和气质决定的,他给这支部队注入了灵魂。从此,不管岁月流逝,人员更迭,这支部队灵魂永在。同志们,这是什么? 这就是我们的军魂! 我们进行了 22 年的武装斗争,从弱小逐渐走向强大,我们靠的是什么? 我们靠的就是这种军魂,我们靠的就是我们军队,广大指战员的战斗意志。纵然是敌众我寡,纵然是身陷重围,但是我们敢于亮剑,我们敢于战斗到最后一个人。一句话,狭路相逢勇者胜,亮剑精神就是我们这支军队的军魂。剑锋所指,所向披靡!

李云龙得出这样的军事理论,是因为这已在战争中经过多次论证。在电视剧《亮剑》中,团长李云龙在与日寇作战时,居然利用反突围战术成功脱险,而且还打死了两名日军指挥官。

李云龙:传我的命令,全体上刺刀,准备进攻。

张大彪:进攻? 团长,现在是敌人在进攻呀!

李云龙:没听见命令吗? 听仔细了,到了这个份上咱不会别的,就会进攻。

张大彪:全体上刺刀,准备进攻(传达命令)。

……

李云龙:兄弟们,都说小鬼子拼刺刀有两下子,老子就不信这个邪,都是两个肩膀扛一个脑袋,谁怕谁呀,我们新一团不是被吓大的。

在楚云飞团长看来,李云龙的做法是很危险的,理由是他们的装备太差了,弹药又不足,跟强悍的对手交火,恐怕是凶多吉少。

然而,当接到撤退命令时,李云龙认为此刻已经没有撤退的可能,理由是"坂田联队的刺刀都顶到老子鼻子上了"。

士兵甲:旅长命令新一团交替掩护后撤,从余家岭方向突围,由七七一团和七七二团负责掩护新一团。

李云龙:后撤? 坂田联队的刺刀都顶到老子鼻子上了,这会后撤,亏他们想得出来,反正是突围,从哪儿出去不一样啊。

张大彪:团长,余家岭方向是鬼子包围的薄弱点,从那边突围把握性大一点。

李云龙:你懂什么? 我们这一撤,坂田这个兔崽子肯定压上来,到那时候我们更被动。

李云龙的作战思想，其实就是以进攻作为防守。当然，这样的战略思维不仅在中国历代战争中有所实践，也同样为国外的军事研究者们所重视。德国军事理论家和军事历史学家卡尔·菲利普·戈特弗里德·冯·克劳塞维茨研究发现，在交战当中，进攻是最好的防守。

克劳塞维茨的战争总结源于其亲身经历，他参加过欧洲反法联盟对拿破仑的战争，历任骑兵军参谋长、军团参谋长、柏林军官学校校长等职，获少将军衔。克劳塞维茨先后对 1566—1815 年间所发生的 130 多次战争进行深入研究，以自己亲身经历的几次战争为依据，在此基础上创作出了一部体系庞大、内容丰富的军事理论著作——《战争论》。

《战争论》全书共 8 篇 124 章。第 1 篇"论战争的性质"；第 2 篇"论战争理论"；第 3 篇"战略概论"；第 4 篇"战斗"；第 5 篇"军队"；第 6 篇"防御"；第 7 篇"进攻"；第 8 篇"战争计划"。

在《战争论》一书中，"战争中的攻防"被作为一个重要的部分来介绍。克劳塞维茨认为，进攻和防御是战争中的两种基本作战形式，两者是相互联系、相互转化的。整体为防御，局部可能为进攻；进攻中含有防御因素，防御中也含有进攻因素；进攻可转变为防御，防御也可以转变为进攻。一般说来，防御有离自己的兵员和物资补给地较近，能依靠本国民众的有利条件，但它的目的是消极据守。进攻具有占领这一积极目的，并通过占领来增加自己的作战手段。

《战争论》使克劳塞维茨成为西方近代军事理论的奠基人。在德国，许多资产阶级军事家都把克劳塞维茨看作是他们的"开山祖师"，对《战争论》一书更是推崇备至。《战争论》不仅影响了欧洲人，军人出身的任正非同样也偏爱"进攻就是最好的防守"的作战思想。

任正非曾经号召华为员工观看军事题材电视剧《亮剑》。在军人企业家任正非看来，经营企业如同打仗一样，进攻是最好的防守。2013 年 9 月 5 日，任正非在接受华为内部无线业务汇报时说："世界上有两个防线是失败的:一个就是法国的马其诺防线,法国建立了马其诺防线来防德军,但德国不直接进攻法国,而是从比利时绕到马其诺防线后面,这条防线就失败了。还有日本防止苏联进攻中国满洲的时候,在东北建立了十七个要塞,他们赌苏联是以坦克战为基础,不会翻大兴安岭过来,但百万苏联红军是翻大兴安岭过来的,日本的防线就失败了。所以我认为防不胜防,一定要以攻为主。攻就要重视蓝军的作用,蓝军想尽办法来否定红军,就算否不掉,蓝军也是动了脑筋的。三峡大坝的成功要肯定反对者的作用,虽然没有承认反对者,但设计上都按反对意见做了修改。我们要肯定反对者的价值和作用,要允许反对者的存在。"

在任正非看来,最好的防御就是进攻,要敢于打破自己的优势,形成新的优势。任正非是这样认为的:"要打破自己的优势,形成新的优势。我们不主动打破自己的优势,别人早晚也会来打破。我们在学术会议上要多和爱立信、阿朗、诺西……交流,并在标准和产业政策上与它们成为战略伙伴,就能应对快速变化的世界。

"华为过去在市场走的是从下往上攻的路线,除了质优价低,没有别的方法,这把西方公司搞死了,自己也苦得不得了。美国从来是从上往下攻,Google 和 Facebook 都是站在战略高度创新,从上往下攻。Wi-Fi 作为和 LTE(Long Term Evolution,长期演进)竞争的技术,你不能说美国不会玩出什么花招来,我们要以招还招。不要以为我们一定有招能防住它,我们公司的战略全都公开了,防是防不住的。我们要坚持开放性,只有在开放的基础上我们才能成功。"

抢占制高点就必须舍得打炮弹

在任正非的眼里,企业经营就如同打仗一样,这或许与任正非的军旅生涯有关。正是因为如此,任正非在很多内部讲话中,希望华为人观看一些战争题材的电影或者电视剧。如《上甘岭》《南征北战》《血色黄昏》《亮剑》《兄弟连》《莫斯科保卫战》等。

众所周知，华为在从小到大的发展中，都体现了任正非的军事谋略。在《总有一天华为会光荣地反攻进入美国》一文中，任正非以"要舍得打炮弹，用现代化的方法做现代化的东西，抢占制高点"为核心思想，阐述了华为的进攻战略。

任正非谈道："我们现在打仗要重视武器，要用武器打仗。以前因为穷，所以我们强调自力更生，强调一次投片成功，强调自己开发测试工具，现在看来都是落后的方法。我们要用最先进的工具做最先进的产品，要敢于投入。把天下打下来，就可以赚更多的钱。全世界的石油买卖都是用美元结算的，美国在伊拉克战争中，把一桶原油从30多美元打到120美元，就需要印钞票来支撑石油交易，美国光印纸就赚了许许多多的钱，美国用的就是现金武器。我们一定要在观念上转过来，用先进的测试仪器，用先进的工具，用科学的方法来开发、服务和制造。

"我们现在还需要投大量人力做测试设备吗？是不是都需要自己开发工具，从这支队伍里划拨一部分人去抢占战略制高点，可以增加多少力量呀，再拨一部分人参与交付、质量管理，华为该变得多厉害呀？工具要改革，要习惯使用先进工具。保留小团队定制一些工具没有问题，买仪器也要有懂仪器的人，不然就是盲目地买，但不要什么都自己做。当然测试也需要大量战略专家的，但他们是建构的，操作要交给机器。"

为此，任正非指出，要想得到山下的矿藏，就必须舍得打炮弹："我们要舍得打炮弹，把山头打下来，下面的矿藏就都是你的了。在功放上要敢于用陶瓷芯片，要敢于投资，为未来做准备。我们公司的优势是数理逻辑，在物理领域没有优势，因此不要去研究材料。我们要积极地合作应用超前技术，但不要超前太多。我们要用现代化的方法做现代化的东西，敢于抢占制高点。有的公司怎么节约还是亏损，我们怎么投入还是赚钱，这就是作战方法不一样。"

在新年拜年会上，任正非在向华为人及其家属拜年之后，告诫华为："要把华为在运营商大规模部署的产品技术和网络经验运用到企业业务，对于未来的战略制高点要敢于投入。"

具体的操作是："你们要把华为大规模部署的产品技术与网络经验运用到企业。我们的光接入、无线接入，实际上是为大网服务的，但是也可以专为你这个小网服务。为什么你企业网就不能用无线接入呢？抢占了这个机会点，你做好以后，在别的地方卖盒子就容易了。

"我们现在要保持一定的投资强度，投资要聚焦到战略制高点上来，抢了战略制高点，不卖得那么便宜，盈利的钱去做先进的研究。我们已经不是完全以运营商为中心了，以前盯着运营商，是因为我们唯有靠运营商才能生存下来，现在我们继续向前走，运营商是我们近距离的客户需求，远距离的最终客户才是牵引我们的客户需求，这样的话，我们把握最终用户的感觉，我们做出来的东西就会受到欢迎。"

当美国政府拒绝购买华为的产品时，任正非以《总有一天华为会光荣地反攻进入美国》为战斗檄文，号召华为人要舍得打炮弹，抢占行业制高点。

在《华为拿不下上甘岭　拿下华尔街也行》一文中，任正非再次强调要舍得打炮弹，抢占行业制高点："在短期投资和长期利益上没有看得很清楚的人，实际上他就不是将军。将军就要有战略意识，没有战略意识怎么叫将军呢？这是第一个问题。第二个问题又要讲到耗散结构，华为实际上是处在一个相对较好的时期，要加大投入，把这些优势耗散掉，形成新的优势。整个社会都在衰退，经济可能会循环衰退，我们虽然跟自己过去相比下降了，但和旁边相比，活得很滋润，我们今年的纯利润预计有 20 亿～30 亿美元。因此，对未来的投资不能手软。不敢用钱是我们缺少领袖，缺少将军，缺少对未来战略的表现。"

进攻自己，逼自己改进

当任正非的文章《进攻是最好的防御》被媒体纷纷转载之后，由于在传播过程中引发了一些误解，他曾在内部会议上解释说："'进攻是最好的防御'，是指进攻自己，逼自己改进，从而产生更大优势。当时是针对无线产品线的开放来说的，是针对汪涛说开放、简单后，大量的小公司也能做高精尖产品了，我们的优势会丧失来说的。我对查钧及汪涛说'开放、简单仍然极富竞争力的，故宫的门槛开放、简单，过去你敢跨吗?'丁耘是极力支持开放、简单的。将来的管道流量越来越大，流速越来越快，介质越来越多，网络只有变得越来越简单，才能适应需要。我们在努力使网络变得简单的时候，降低了技术门槛，但商业门槛是否也被降低了呢？文章传出去后，被有些媒体把文章标题改成'反攻进入美国'，完全误解了原意。这次纠正过来，我们还是进攻自己。"

在任正非看来，"网络将变得越来越扁平，越来越简单，宽带很宽，接入网络会像接自来水管一样简便，Bit（比特）成本将大幅降低。未来面临的是超宽带后还有没有什么带，竞争到底是从室内走向室外，还是从室外走向室内，这条技术路线没有人知道。但可以肯定的是美国不会甘心输掉，美国执意将 Wi-Fi 全频率开放的目的还是为了从内往外攻。漫游问题一旦解决，华为的优势就不一定存在了，这是我对未来的看法。爱立信是一面旗帜，它要维护旗帜的威望，只能从外往内攻。华为不是旗帜，不管是左手举旗（从内往外攻），还是右手举旗（从外往内攻），都是很灵活的，最后不管哪一头胜利，总会有华为的位置。也许将来是内、外方式融合"。

在企业的丛林法则中，任何优势都会被打破，即使是像诺基亚和柯达这样的巨型企业，最终都是因为没有进攻自己，逼自己改进而倒下了。正如同任正非所言："我们不主动打破自己的优势，别人早晚也会来打破。"

任正非的忧虑是有道理的,在市场环境瞬息万变的今天,什么事情都有可能发生。竞争对手都"虎视眈眈",阿尔卡特朗讯转型已经初露曙光,微软收购了诺基亚手机业务之后,诺基亚西门子手握 72 亿美元成为最有钱的设备商之一。[①] 按照任正非之前的判断,诺基亚西门子"很有可能就从后进走向先进了"。

在华为国际化的征程中,质优价低是目前取得成功的关键。然而,这样的态势需要改变。华为曾有过这样一个假设:数据流量的管道会变粗,变得像太平洋一样粗,华为在此基础上提出"云管端"的战略,具体到华为的做法上,就是成立三大 BG:运营商 BG、企业业务 BG 和消费者 BG。[②] 但是,任正非此前谈到这个话题时也无法给出结论:"这个假设是否准确,我们并不清楚。如果真的像太平洋一样粗,也许华为是押对宝了。如果只有长江、黄河那么粗,那么华为是不是会完蛋呢?"

在这样的危机意识下,保证华为始终走在正确的方向和道路上尤为关键。在任正非看来,开放是及时调整、找到正确的方向和道路的最佳答案。

任正非说:"防不胜防,一定要以攻为主。"在市场拓展中,向竞争者发起进攻,这就要听到不同的声音,而这正是华为"蓝军"的价值所在。任正非在接受媒体采访时断言:"我们要走向开放,华为很快就是世界第一……总有一天我们会反攻进入美国的。"

---

①② 马晓芳.揭秘华为"红蓝军" 任正非誓言"反攻美国"[N].第一财经日报,2013-11-26.

第二部分　见龙在田

华为第一次创业的特点,是靠企业家行为,为了抓住机会,不顾手中资源,奋力牵引……第二次创业的目标就是可持续发展,要用十年时间使各项工作与国际接轨。它的特点是要淡化企业家的个人色彩,强化职业化管理。把个人魅力、牵引精神、个人推动力变成一种氛围,使它形成一个场,以推动和导向企业的正确发展……这个导向性的氛围就是共同制定并认同的《华为公司基本法》,它将规范我们的行为和管理。

——任正非

第四章　《华为公司基本法》

提及华为，人们自然会想到《华为公司基本法》和"狼性"这个标签式的符号。事实上，《华为公司基本法》对中国的企业家们影响深远，成千上万的企业经营管理者纷纷效仿，不少企业因此还推出了自己的企业"基本法"，期望成长为一家与华为类似的企业。

然而，遗憾的是，时至今日，依旧没有一个效仿者能够成为"华为第二"。是东施效颦，还是《华为公司基本法》过于高深莫测？带着这些好奇和疑问，我们团队将研究的触角伸向华为，试图找出《华为公司基本法》可供中国企业经营们参考和借鉴的精髓。

《华为公司基本法》的诞生背景

对于任何一个中小企业经营者而言，要想突破企业的成长瓶颈，就必须解决企业管理粗放这个大问题。在"中国家族企业什么交不了班"培训课上，笔者曾告诫参会的学员，在家族企业的发展过程中，管理粗放仍然是阻碍其做强做大的拦路虎。

从家族企业的发展历程上看，中国相当一部分家族企业是在短缺经济条件下依靠卖方市场，以小摊小贩、小作坊的方式积累发展起来的，很少经过现代经营管理的熏陶和市场竞争的洗礼。在当前逐步规范的市场经济条件下，家族式管理粗放落伍的特征越来越明显，在市场竞争中处于严重的劣势。另外，由于管理层次低，管理者多是"七大姑八大姨"，有各种裙带关系，技术人才多数不愿在此供职。

客观地说，在家族企业的创业初期，大多数都是家族企业创始人一人打拼，家族成员辅佐。创始人一个人说了算，直线指挥，决策快、机制活、执行力强、团队合作好。尽管有一些简单的制度，但制度服从人治。随着市场竞争的加剧、家族企业规模的扩大，管理粗放的传统家族企业的弊病也越来越明显。

那么什么是粗放管理呢？粗放管理是指家族企业创始人为了实现某一阶段的战略目标而采取了不计成本与效率（效益）的粗疏、不细致的管理方式。即在经济投入、成本控制、人员管理、质量监管等生产环节中没有一套合理有效的运行体制，管理只是为了完成某一既定目标，而没有一个科学有效的过程。

家族企业创始人在管理中采用粗放管理的形式，就注定了家族企业的生产效率、产品质量和服务都不可能达到预期的效果。

粗放管理是家族企业创业初期不得已而采取的一种短暂的管理模式。因为实施粗放管理的企业大都缺乏足够的长期规划，甚至在这些家族企业中，其决策往往是朝令夕改，不稳定性极大。这类家族企业的抗风险能力非常低下，不利于家族企业长期和可持续的发展。研究发现，粗放管理的特征如下：

（1）家族企业创始人往往会追求企业生产效率的高增长，特别是在改革开放初期，中国遍地都是机会，市场需求过大，很多家族企业创始人凭借敢想敢干的强势风格，迅速将企业发展壮大，有的企业销售收入在短短几年内就达到上亿元。但是随着市场竞争日趋激烈，这些家族企业由于缺乏长期规划而无法突破其成长的瓶颈。

（2）有些家族企业创始人往往热衷于用某些传统哲学思想来管理和经营家族企业。比如，很多人就乐意从《孙子兵法》《隆中对》《易经》等古代经典巨著中获取管理企业的思路。这就造成某些家族企业创始人往往将精力和时间大都集中在空泛、高深的经营层面上，对于行之有效、可操作性强的管理和经营思路却很少涉及。

（3）在家族企业的高速发展中，有些家族企业管理者为了达到某些目标，在管理过程中，形式主义非常严重。比如，一些家族企业的工厂宣传栏上明明写着"质量重于泰山"的口号，而在实际的工作中，员工根本就不执行，只是将质量管理当作一个时髦的口头禅。产品质量管理对于任何一个企业都是非常重要的，但是在很多家族企业中都流于形式，没有太多的实际意义。

（4）在很多家族企业中，管理表面化问题非常严重。大多中国家族企业在硬件方面可以与一些跨国公司相比，但是产品和服务质量却差跨国公司一大截。这种管理表面化现象大多存在于一些不规范的企业管理中。

（5）一些家族企业的企业管理非常不规范，这种"差不多"的管理在措辞中往往带有"差不多""大概"等字样。比如说，企业在进行质量管理时，往往都是能过就过，没有严格标准。

上述问题在发展初期的华为也存在。为了使管理更加规范，华为不得不考虑制度化，因为没有规矩就不成方圆。在《由必然王国到自由王国》一文中，任正非就谈到中国首部企业宪章——《华为公司基本法》的诞生背景，他写道："华为第一次创业的特点，是靠企业家行为，为了抓住机会，不顾手中资源，奋力牵引……第二次创业的目标就是可持续发展，要用十年时间使各项工作与国际接轨。它的特点是要淡化企业家的个人色彩，强化职业化管理。把个人魅力、牵引精神、个人推动力变成一种氛围，使它形成一个场，以推动和导向企业的正确发展……这个导向性的氛围就是共同制定并认同的《华为公司基本法》，它将规范我们的行为和管理。"

在该文中，任正非还写道："淡化企业家个人色彩和强化职业化管理，要求我们逐步地开放高层民主。华为实行的委员会民主决策,部门首长办公会议集体管理的原则,是发挥高层集体智慧,开放高层民主的重要措施。以资深行政人员、资深专业人士及相关各行政职能部门首长组成的近百个各级、各专业委员会,贯彻了选拔的从贤不从众。在实行决策管理过程时,又使用了充分的民主原则,从而使企业的管理避免和减少首长个人决策的失误机会。即使失误了,也因事先有过充分的研究,可以有众多人员去补救。委员会是务虚,确定管理的目标、措施,评议和挑选干部,并在实行中进行监控,使企业的列车始终运行在既定的轨道上。部门首长办公会议是务实,是推动目标的实现,组织与调动资源,进行层层的考核与测评,促使人的因素转化成物质的力量。部门首长在实施权威管理的时候,运用的是办公会议的集体权威。"

华为愿景:"成为世界级领先企业"

公开资料显示,《华为公司基本法》历时三年,八易其稿,终于"千呼万唤始出来",足以看出华为对这个"基本法"的重视。

在当时,华为还是一个销售额不足百亿元的通信公司,无法与思科等巨型企业相比。然而,正是在《华为公司基本法》的作用下,华为在任正非、孙亚芳、郑宝用、费敏、洪天峰等英雄辈出、狼性十足的创业者的辛苦耕耘中开疆破土,一路高歌猛进。

经过 22 年的发展,2009 年 4 月,华为已经步入第三个 10 年创业周期,其华彩乐章正式奏响。据公开报告显示,华为在 2008 年实现合同销售额 233 亿美元,72%的收益源于海外,成功地登上世界通信设备商探花之位,并超越了日本松下等高科技公司,甚至还成为全球专利申请量第一的中国公司。

在取得如此成就时,华为依旧保持着以往的低调。华为公司在一份递交给中国政府的内部汇报材料中,用极其朴素而实事求是的语言总结说,华为成长的动力来自四点核心观念:"对客户宗教般虔诚""艰苦奋斗,以奋斗者为本""管理变革,发达国家市场拓展"以及"知识产权积累,与西方公司交叉许可"。这几条管理精髓与 11 年前作为华为价值观、经营策略写入《华为公司基本法》的表述,并无二致。

不难看出,正是《华为公司基本法》,使得这套在华为内部一经制定即坚持执行的职业化、专业化发展规范,催生出这个只有 20 多年创业时间的中国企业对西方"百年企业"的超越。①

可能读者会问,华为为什么要制定《华为公司基本法》呢?这要从 20 世纪 90 年代说起。一次偶然的机会,任正非收到一本讲述 19 世纪美国宪法的书。一向喜欢看书的任正非如获至宝,快速翻阅后感叹道:"今天看来(美国宪法)并不高明,但它指导了美国二百多年的发展,奠定了美国今天的繁荣。"

在美国宪法的启蒙下,任正非开始构想《华为公司基本法》,对华为的发展使命做出如下规划:"我们的《基本法》再过二十年后,也许不会有多大价值,但现在必须有一个规范来指导我们的工作。"

当然,华为处在快速的发展中,要理顺繁杂的管理和经营问题并非易事。尽管如此,1997 年发生的中国"头号证券大王"管金生及其创办的当时号称"中国最大证券公司"万国证券轰然倒下的新闻给任正非的打击不小。正是这个事件坚定了任正非以三年之功理顺《华为公司基本法》的决心。

任正非阅读完万国证券轰然倒下的新闻后,特意把该则新闻转发给《华为公司基本法》专家组的成员们阅读,并批注:"转发这篇文章给你们,是让你们知道为什么要搞《基本法》……一个多么可爱的人,一个多么有能力的人,八分钟葬送了一个世界级的证券公司。难道我在迫于内部与外部

---

① 丘慧慧. 探路者华为:"世界级企业"命题证伪[N]. 21 世纪经济报道,2009-09-26.

压力的情况下,不会出现疯狂的一瞬?历史是一面镜子。"

《华为公司基本法》专家组成员黄卫伟在收到任正非转发的新闻批注后,借用美国金融大亨乔治·索罗斯(George Soros)的一句话回答了任正非的困惑:"如果你是一个认真从事冒险(事业)的人,你要给自己定纪律。"

在黄卫伟看来,《华为公司基本法》其实就是任正非及其联合创业者们给自己套上的紧箍咒。客观地讲,这部《华为公司基本法》谈不上严苛,但是全面、实事求是地借鉴了美国、欧洲、日本等地企业管理文化的精髓。

《华为公司基本法》详尽论述了华为的公司宗旨、管理哲学、基本经营策略、基本组织政策、人事政策、控制政策、道德与纪律等管理体系,同时制定了较为清晰的发展战略。如将"成为世界级领先企业"作为华为的追求和愿景;又如对实现愿景的路径进行了严格界定——"强调人力资本不断增值的目标,优于财务资本增值的目标"。

这条《华为公司基本法》日后成为华为发展和壮大中衡量自己成长的最为固定的指标。1998 年,华为人均效率仅仅只有 IBM 的 1/65、朗讯的 1/25。与此同时,《华为公司基本法》还在管理哲学的标题下,对企业管理当中具体管理细节可能遭遇的矛盾、冲突,进行了为期三年的价值观大讨论。譬如,尊重个性与集体奋斗的矛盾,开放合作与独立自主的矛盾,公平与效率的矛盾,程序化与多样性的矛盾,等等。

此后华为的成长证明,以"尊重人才,而不迁就人才"价值观为主导的华为内部价值评价体系和价值分配制度,成为华为管理制度中最具特色、最具活力的部分。而在华为的价值分配体系中,最核心、也是最有激励和凝聚作用的就是从 1998 年开始大规模施行的内部员工持股制度(2002 年后改革为内部虚拟受限股),这个沿用至今的激励制度,成为刺激华为员工斗志最有效的兴奋剂。①

① 丘慧慧. 探路者华为:"世界级企业"命题证伪[N]. 21 世纪经济报道,2009-09-26.

《华为公司基本法》背后的制度化堤坝

在很多管理论坛上，一些企业家或者企业老板都在强调制度的重要性。事实上，制度的设定对于任何一个企业而言都是重要的，但是，更加重要的是，企业从上到下都要严格执行制度。假如不去执行，让制度形同虚设，不仅使企业制度本身失去了制定时的初衷，还使制度失去了严肃性。

在"中国家族企业的诸多危机"培训课上，一个学员非常困惑地向我提出了这样一个问题——由于企业内部管理层人员彼此过于熟悉，几乎是无话不谈，日常工作只要说得过去就行了，互相之间的监督也不会太认真。这样的情况导致的最直接也是最严重的后果就是企业制度形同虚设。作为行政部总监，该怎么办？

其实，这个学员的困惑是中国企业普遍存在的问题，这主要源于中国人情社会的特点，不管大事还是小事，都偏爱讲情面。

研究发现，一些企业家或者老板在自己主管的企业中，根本不把制度当回事，他们甚至会认为，企业是他们的，他们的话就是制度，把制度当作可有可无的东西。

深圳 P 培训公司邀请我去讲关于"家族企业长盛不衰的秘诀"的讲座。当我进驻 P 培训公司，发现这样一个现象，P 培训公司制订了一整套严格规范的管理制度，规定如下：

第一，上班迟到一次罚款 50 元，并扣发当日工资；

第二，在公司上班期间，所有员工必须佩戴 P 培训公司工作牌，凡不佩戴者给予通报批评，并扣发当日工资；

第三，一个月连续迟到三次者开除。

......

当 P 培训公司颁布该规定后，由行政部按制度规定执行。

当制度颁布一周后，P 培训公司采购部经理上班迟到两分钟，同时又没有戴 P 培训公司的工作牌，行政部经理要按规定对采购部经理进行处罚。

采购部经理却拒绝缴纳罚款，并坦言："我今天迟到两分钟，主要是因为昨晚为公司加班到深夜两点，不应该被处罚；同时，工作牌没有戴是因为刚刚到办公室继续处理昨晚没有做完的采购方案，忘记戴了，所以也不该被处罚。"

于是行政部经理和采购部经理就争执了起来。行政部经理表示："P 培训公司中目前并未有'头天晚上加班第二天早上就可以迟到'的正式规定，况且，其他部门很多员工也经常夜晚加班，第二天早上并未迟到；再则，制度上没有规定如果早上由于工作太多而忘了戴厂牌可以免予处罚，因为公司每个部门早上的工作都很忙。"

采购部经理听完行政部经理的解释之后，立即陈述了自己对这种观点的不同意见，并表示要罢工一天，当即与采购部另外五位采购员一起离开了 P 培训公司。

在 P 公司，采购部直属总经理分管，而当总经理出差回来后，行政部经理第一时间向总经理汇报了采购部经理迟到和没有佩戴公司工作牌的事情，并坚持让总经理对采购部经理按照制度规定进行处罚。

一刻钟后，采购部经理亲自向总经理汇报了其迟到和没有佩戴 P 培训公司工作牌的事情，并指出自己行为的合理性和公司制度的不合理性。

当天下午下班时，行政部经理再次到总经理办公室询问该事件的处理意见时，P 公司总经理的意见如下：

第一，采购部经理为了公司发展加班到深夜两点，主要是为了制订更加合理的采购方案。采购部经理正在与几个重要供应商谈判签

约事宜,如果现在就按制度严格执行,万一把他惹急了提出辞职,无人能够代替他的工作,必然会影响正常的采购业务;

第二,采购部经理迟到和没有佩戴公司工作牌的事情留待以后处理,以避免激化矛盾;

第三,今晚7点,在粤港大酒楼宴请采购部经理与行政部经理,目的是化解采购部经理与行政部经理之间的误会;

第四,由于采购部经理能力很强,但个性也很强,容易与人发生冲突、容易情绪化,因此必须照顾有个性的员工;

第五,行政部经理在处理采购部经理迟到和没有佩戴公司工作牌的事情上过于简单,对于某些特殊人物不能够像对待普通员工那样;

……

几个月过去后,总经理压根没有处罚采购部经理的意思,此事也就不了了之,没有任何下文。

然而,行政部经理的工作可就不好办了,当再按制度规定对违规员工进行处罚时,行政部经理听到员工们说得最多的话是:你就只敢处罚我,你有本事去处罚采购部经理。

员工的话会行政部经理非常尴尬,有时被说得哑口无言。从此以后,P培训公司考勤制度的执行力度大为下降,上班迟到、不佩戴公司工作牌的事情经常发生。结果使P培训公司的管理混乱不堪。

一些企业,特别是中小企业在发展初期企业制度制定得不完善,或者没有严格执行,就会出现上述案例中的问题。

这种情况在很多企业中普遍存在。作为P培训公司的总经理,不管是采购经理还是自己迟到,都必须严肃处理,按照公司的规章制度进行处罚,但是也必须照顾好采购经理的情绪,毕竟他是加班到深夜才迟到的。

上述案例的出现,充分说明该企业还处于高速发展的创业阶段。研究发现，在企业高速发展的创业阶段，往往没有制定严苛的制度，同时也没有必要制定如此多的条条框框，这一阶段企业面临的最主要的任务是怎样将企业做强做大，让企业能够站住脚。在这样的背景下，企业制度仅仅是为了规范发展而已。

当然，当企业发展到一定规模，如果仍然依靠口头式管理，而没有制定相应的制度或者不严格执行制度，不仅将导致令出多门，而且也会导致员工不知道该如何干、干到何种程度，执行力自然就跟不上，工作效率也会下降，竞争力也随之下滑。为了避免华为重蹈覆辙，管理制度化问题就摆在任正非的面前。

在 2005 年一次内部讲话中，任正非概述了管理和职业化发展企业的要义："管理就像长江一样，我们修好堤坝，让水在里面自由流，管它晚上流，白天流。水流到海里面，蒸发成空气，雪落在喜马拉雅山，又化成水，流到长江，长江又流到海。循环往复以后，它就忘了一个还在岸上喊'逝者如斯夫'的人，一个'圣者'，这个'圣者'是谁？就是企业家。"

在任正非看来，一条制度化的管理"堤坝"，远远比堤坝里奔腾着什么样的水更重要。研究发现，华为修坝的觉醒，起源于《华为公司基本法》起草之前，于 1995 年引入的一套西方工资改革体系。华为创业者彼时只是敏感地意识到，在高速发展的知识竞争时代，对科技人员的激励是企业发展的根本动力；然而直到《华为公司基本法》成稿，华为才把这套萌芽的"管理思维"扩张为从文化、价值观到经营策略的完整的科技体系。

此后从 1997 年至今，华为开始全面引进国际管理体系，引入国际著名人力资源公司 HAY 集团的"职位与薪酬体系"，将英国国家职业资格管理体系（NVQ）引为企业职业资格管理体系，并从 IBM 引进集成产品开发（IPD）及集成供应链管理（ISC）；2008 年，全球竞争加剧，华为与 Accenture 顾问公司在客户关系管理（CRM）上再次展开合作，其目的是优化华为从产品到客户的全流程,提高华为全球化的运作效率。①

　　中国人民大学教授、博士生导师、华为公司顾问、《华为公司基本法》起草参与者吴春波在接受《21世纪经济报道》采访时说道:"为什么很多中国企业也有管理制度,但是却没有成功,因为它们大都是为了'解决问题'而生,是不成体系的,管理制度之间没有形成有机的联系。"

---

① 　丘慧慧.探路者华为:"世界级企业"命题证伪[N].21世纪经济报道,2009-09-27.

第五章　以奋斗者为本

要想在企业丛林中生存和发展，"以奋斗者为本"是一个有效的手段。华为始终在强调"以奋斗者为本，长期坚持艰苦奋斗"，甚至把竞争者喝咖啡的时间都用在把工作任务执行到位上。

事实上，这个在很多企业经营者听起来老掉牙的管理手段却被任正非发挥到极致。他不仅将"以奋斗者为本，长期坚持艰苦奋斗"作为华为的核心价值观，还以极大热忱和意志力将其传播下去。

任正非体会过人生的艰辛和挫折，他也从上一辈那里继承了艰苦奋斗的精神意志。对此，任正非在内部讲话中谈道："中国人从上一代继承的只有贫困与传统美德，要改变自己的命运，要改变组织的命运，只有一个选择——艰苦奋斗。"在这样的背景下，任正非将"以奋斗者为本，长期坚持艰苦奋斗"作为华为的核心价值观，同时该价值观也贯穿在《华为公司基本法》中。

华为正是凭借这一价值观，才获得了长期的高速增长。如今，华为已经在国际通信领域站稳了脚跟，危机意识浓厚的任正非却看到了华为未来可能遭遇的发展瓶颈，因此屡次提醒华为人要"艰苦奋斗"。任正非认为，艰苦奋斗必然带来繁荣；繁荣以后不再艰苦奋斗，必然会丢失繁荣。华为不能只要求员工奋斗，同时还必须给奋斗者关爱，让员工享受到自己奋斗的成果，这才是真正的以奋斗者为本。

除了艰苦奋斗,还是艰苦奋斗

2014 年,中国政府提出了一个新的概念——新常态,即中国经济下行已经是一个常态化的趋势。这样的危机无疑带给中国企业一个非常棘手的问题——中国企业进入了一个危机四伏的充满不确定性的年代。所谓不确定性,是指中国企业经营者没办法预测,也不能准确地判断。

当然,中国企业要想在这种充满不确定性的危机中实现增长,除了艰苦奋斗,还是艰苦奋斗。正如任正非所言:"不奋斗,华为就没有出路。"

在任正非看来,华为为什么能活到今天,华为将来靠什么活下去,除了艰苦奋斗,还是艰苦奋斗。只有艰苦奋斗才是中国企业打败国际跨国公司的有效手段,仅仅凭借下决心和喊口号是远远不够的。

可能一些企业家会反对这样的观点,他们的论据是在改革开放前30年,很多企业经营者根本就不需要艰苦奋斗,生产的产品依然供不应求。其实,这部分企业经营者忽略的是,那时的市场是快速增长的市场。而如今,中国企业遭遇的最大变化是外部市场不再增长,甚至还可能正在急剧萎缩。在这个背景下,企业经营者选择艰苦奋斗就显得非常重要。

如今,中国的市场已经步入产品过剩、顾客不足的时代。这样的彻底改变意味着传统企业主导消费的时代已经结束了,而顾客时代正式宣告开始,顾客决定了企业价值,而不是企业。企业必须判断顾客需要何种商品,而不是自己能生产出什么产品。要完成这样的转变,企业除了要艰苦奋斗,还是要艰苦奋斗。

为此,任正非在《天道酬勤》一文中写道:"面对我们所处的产品过剩时代,华为人除了艰苦奋斗还是艰苦奋斗。从来就没有什么救世主,也不靠神仙皇帝,要创造我们的幸福,全靠我们自己。"

纵观华为的发展历程,其实就是一个艰苦奋斗的过程。华为从当初一个籍籍无名的深圳小企业,发展成为全球六大通信设备商,仅仅用了20多年时间。在国际化扩张中,华为走得艰难而曲折。华为的国际化是建立在华为人汗水、泪水、艰辛、坎坷与牺牲的基础之上的。

然而,在中国,很多企业经营者却不愿意艰苦奋斗,而更多依赖人际关系的作用。善于利用各种资源,包括政府资源,对任何一个企业的成长确实十分重要。但是,政府提供的资源是有限的,对于中国企业经营者来说,关键要提升企业的竞争优势,而不能把希望全都寄托在政府的帮扶上,否则将非常危险。

对此,百度创始人李彦宏曾多次强调:"竞争优势不仅能够显著地为客户带来收益或节约成本,同时与竞争对手相比,它具有难以模仿的独特性。从这个意义上说,能否正确认识企业的核心竞争力是制定出目标清晰、具备可操作性的发展战略的第一步。"

当然,企业的竞争优势必须是独特的,否则就不可能有更强的竞争力。政府提供的资源是有限的,对于企业家来说,关键要练好内功,而不是把希望寄托在政府的帮扶上。

2004年秋季,当媒体再次采访云南民营经济史上少有的风云人物、昔日的云南"钛王"罗志德时,让媒体记者吃惊的是,有着"云南企业之父"美誉的罗志德如今坐在空荡荡的办公室的一张旧沙发上,手握一根拐杖——这个正值壮年的企业家已经有些行动不便了。

当年颇具规模的血制品车间如今凋敝不堪,就算是在路达低谷期为饲养蜗牛挂上去的大招牌——"蜗牛庄园"四个字也已经锈迹斑斑。

而当初的罗志德意气风发,作为一名科技人员,他敢于辞去公职,在1985年创办了云南路达科技开发总公司,在十几年内,路达靠着几个高难度的飞跃一路走向巅峰。

客观地说,罗志德算是一位具有社会责任感的企业家。创业成功之后,罗志德在云南教育学院成立了路达企业家学院,为云南培养了不少企业家。

锈迹斑斑的"蜗牛庄园"及其凋敝不堪的血制品车间标志着曾经闻名云南的"路达集团"风光不再。然而,正是这些光环,将"路达公司"引入悲剧之路。

1992年,创业之路颇为顺遂的罗志德,提出了在云南省会昆明盖一座56层大厦的想法。罗志德在接受媒体采访时谈道,之所以定为56层,主要象征着中国的56个民族,而大厦的一层就代表一个民族,从而彰显中华民族的大团结。

罗志德建这个56层的大厦仅仅是自己的一个想法而已。当这个想法被有关地方领导知道后,他们为了促进地方的发展,将这个56层的大厦赋予了非同寻常的意义。

于是,在有关地方领导的授权下,特批一块位于昆明市中心面积达100亩的土地给路达公司,用于建造这座代表56个民族的大厦,而且有关部门还在昆明市郊给了罗志德200亩土地。

此刻的罗志德没了退路,只好按照有关地方领导的意图去执行。按照当时路达公司的实际情况,根本就没有经济能力建这座56层的大厦;而若想向银行贷款,又没有足够的抵押物。

于是,罗志德只好以发行股票筹资的办法来修建大厦。仅发行股票的前3天,路达就筹集了2000万元。

罗志德原本以为这样就可以解决资金短缺的问题,然而,发行股票筹资的事情却被一个记者知道了,于是写了一篇路达公司乱发股票,扰乱金融市场秩序的内参。随后,路达公司被勒令立即停止股票发行。

没有了资金来源,代表56个民族的大厦自然也就没有盖起来。矿山开采也开始遭到有关部门的检查,原来安分守己的村民也开始不断来矿上滋事。最终,路达的钛矿采选厂和其他非法矿厂一起被有关部门勒令关停。钛矿采选厂是路达的生命线,也是罗志德赖以起家的本钱。采选厂完了,也就意味着路达完了,罗志德完了。

不可否认,获得资本资源对一个企业的成长是至关重要的。很多企业在初创时,往往很难获得外部资本、渠道、产品研发等支持。尽管许多创业企业具有较大的发展潜力,但是合作者、银行、风投等是不会轻易把钱投给它们的,只能靠创业者白手起家,善于利用各种资源。

上述案例中的罗志德在创业成功之后,合作者、银行、风投等已经知道罗志德的经营能力了。而此刻的罗志德却忽略了一个问题,那就是要想办法获得社会资源。当然,创业企业能否获得所需资源得看企业自身的张力,而张力又取决于企业经营者的战略意图。

在这里,需要告诫中国企业经营者的是,绝对不能把利用各种资源作为企业的核心战略来做,而要在利用各种资源的同时,研发自己的产品,提升产品的质量和外观设计,甚至还要提升企业的竞争优势。

要取得辉煌的战果,必须艰苦奋斗

古人云:"艰难困苦,玉汝于成。"每一个取得非凡业绩的企业都不可能一帆风顺,必定饱经风霜、卧薪尝胆,方可凯旋。华为也不例外,其成长的过程中也充满了坎坷和荆棘。

在国际化的过程中,华为没有任何经验可以借鉴。在开拓全球市场时,华为完全靠自己摸索,在市场中摸爬滚打,在残酷的竞争中学习。

很多中国企业经营者可能无法想象竞争的残酷。华为面对的是全世界各发达国家的世界级跨国企业,这些巨头有的拥有几十年甚至100多年的资金和技术积累;有的有欧美数百年以来形成的工业基础和产业环境;有的拥有世界发达国家的商业底蕴和雄厚的人力资源、社会基础;有的拥有世界一流的专业技术人才和研发体系;有的拥有雄厚的资金和全球著名的品牌;有的拥有深厚的市场地位和客户基础;有的拥有世界级的管理体系和运营经验;有的拥有覆盖全球客户的庞大的营销和服务网络……

面对如此巨大的竞争对手,面对世界级跨国企业十分完善的技术以及经营多年后形成的市场壁垒,华为面前只有艰苦奋斗一条路可走,没有任何捷径。

在华为的内部会议上,任正非介绍了华为人为了打败世界级跨国企业而艰苦奋斗的历史:"18年来,我们公司高层管理团队夜以继日地工作,许多高级干部几乎没有什么节假日,所有的主管24小时不能关手机,随时随地都在处理随时发生的问题。现在,更因为全球化后的时差问题,总是连轴转地处理事务和开会。我们没有国际大公司积累了几十年的市场地位、人脉和品牌,没有什么可以依赖,我们只能比别人更多一点奋斗,只有在别人喝咖啡和休闲、健身的时间都在忘我努力地工作,否则,我们根本无法追赶上竞争对手的步伐,根本无法缩小与他们的差距。"

事实证明,没有艰苦奋斗精神作支撑,任何一个中国企业都是难以长久生存的。乐显扬创建于清朝康熙八年(1669年)的同仁堂,自创办到公私合营,经营了约300年、传承10代人,也是饱经沧桑。在这近300年的发展中,乐家及同仁堂至少有上百年时间处于经营困境之中。正是自身的艰苦奋斗,使得同仁堂这个家族企业坚挺地存活了下来。

可以肯定地说,不管是国家还是企业,艰苦奋斗都是取得胜利的关键因素。2002年12月6日,胡锦涛同志在西柏坡发表的重要讲话中谈道:"中华民族历来以勤劳勇敢、不畏艰苦著称于世。我们的古人早就讲过,'艰难困苦,玉汝于成','居安思危,戒奢以俭','忧劳兴国,逸豫亡身','生于忧患,死于安乐',等等。这些警世名言,今天对我们依然有着重要的启示作用。历史和现实都表明,一个没有艰苦奋斗精神作支撑的民族,是难以自立自强的;一个没有艰苦奋斗精神作支撑的国家,是难以发展进步的;一个没有艰苦奋斗精神做支撑的政党,是难以兴旺发达的。"

在华为,任正非多次在内部会议上强调艰苦奋斗的重要性。任正非介绍说："我们现在有些干部、员工，沾染了娇骄二气，开始乐于享受生活，放松了自我要求，怕苦怕累，对工作不再兢兢业业，对待遇斤斤计较，这些现象大家必须防微杜渐。不能改正的干部，可以开个欢送会。全体员工都可以监督我们队伍中是否有人（尤其是干部）懈怠了，放弃了艰苦奋斗的优良传统，特别是对我们高层管理者。我们要更多地寻找那些志同道合、愿意与我们一起艰苦奋斗的员工加入我们的队伍。我们要唤醒更多的干部员工认识到艰苦奋斗的重要意义，以艰苦奋斗为荣。"

在任正非看来，华为不仅强调勤奋，也重视巧干。这要求通过坚持不懈的管理改进和能力提升，提高华为的工作效率和人均效益。这些年来，华为一直在流程、组织、IT 建设等方面持续地变革和优化，努力推动管理改进，取得了不错的效果。不过，与欧美的跨国企业相比，华为在全球化管理体系的成熟度上，在管理者自身经验和能力上，仍然存在巨大的差距。任正非形象地说："我们从青纱帐里出来，还来不及取下头上包着的白毛巾，一下子就跨过了太平洋；腰间还挂着地雷，手里提着盒子炮，一下子就掉进了 TURNKEY（可理解为一条龙服务）工程的大窟窿里……我们还无法做到把事情一次做正确，很多工作来不及系统思考就被迫匆匆启动。"

华为曾由于管理效率低下，造成公司压力大、负荷重。面对国际化的残酷竞争，任正非坦言："我们必须提升对未来客户需求和技术趋势的前瞻力，未雨绸缪，从根本上扭转我们作为行业的后进入者所面临的被动挨打局面；我们必须提升对客户需求理解的准确性，提高打中靶心的成功率，减少无谓的消耗；我们还要加强前端需求的管理，理性承诺，为后端交付争取到宝贵的作业时间，减少不必要的急行军；我们要提升在策划、技术、交付等各方面的基础积累，提升面对快速多变的市场的准备度和响应效率。我们做任何事情都有好的策划，谋定而后动，要善于总结经验教训并在组织内传播共享。

"华为数万名员工，正同他们一样，历经千辛万苦，才取得今天的一点进步。但我们始终认为华为还没有成功，华为的国际市场刚刚有了起色，所面临的外部环境比以往更严峻。全球超过 10 亿用户使用华为的产品和服务，我们已经进入了 100 多个国家，(在)海外很多市场刚爬上滩涂，随时会被赶回海里；网络和业务在转型，客户需求正发生深刻变化，产业和市场风云变幻，刚刚积累的一些技术和经验又一次面临自我否定。在这历史关键时刻，我们绝不能分心，不能动摇，不能因为暂时的挫折、外界的质疑，动摇甚至背弃自己的根本，否则，我们将自毁长城，全体员工十八年的辛勤劳动就会付之东流。无论过去、现在还是将来，我们都要继续保持艰苦奋斗的作风。

"一个中国高科技企业，在海外开拓的征途中，注定是艰难的，但意义也将是非同寻常的。幸福不会从天降，全靠我们来创造，天道酬勤。"

坚持以奋斗者为本

在任正非看来，"艰苦奋斗是华为文化的魂，是华为文化的主旋律，我们任何时候都不能因为外界的误解或质疑动摇我们的奋斗文化，我们任何时候都不能因为华为的发展壮大而丢掉了我们的根本——艰苦奋斗"。

在 20 世纪 90 年代，华为刚成立没多久，没有足够的流动资金，在艰难的日子里，华为人把自己的工资、奖金投入公司，每个人只能拿到很微薄的报酬，工资经常打白条，绝大部分干部、员工长年租住在农民房，用有限的资金购买原材料、实验测试用的仪器。在资金技术各方面都匮乏的条件下，华为人咬牙把鸡蛋放在一个篮子里，紧紧依靠集体奋斗，群策群力，日夜攻关，利用压强原则，重点投入、重点突破，终于研制出了第一台通信设备——数字程控交换机。

众所周知，正是老一代华为人"先生产，后生活"的奉献，才令华为挺过了最为困难的激情燃烧的岁月，才支撑了华为的生存、发展，才有了今天的步入世界 500 强企业的华为。据任正非的内部讲话："一直到 2001 年，我们才拿出了所获得的利润的一部分来改善我们的员工的生活,让我们的部分员工解除了基本的生活上的后顾之忧。"

可以肯定地说,正是因为华为人的艰苦奋斗,才使缺乏资金和技术的华为打败了实力雄厚的跨国企业。在发展的过程中,由于华为没有可借鉴的技术,不可避免存在对在解决方案的理解不准确,在设计、实现上存在幼稚和缺陷。任正非举例说:"1998年,交换机用户板因为设计不合理,导致对全网100多万块用户板进行整改;2000年,光网络设备因为电源问题,为了对客户负责和诚信,我们从网上回收、替换了20多万块板子,这些板子在仓库里堆积如山,造成损失十几亿元;西欧某运营商,由于我们对于客户的需求理解偏差大,造成产品无法及时交付,只能按合同赔偿;亚太的一个移动运营商选择我们的彩铃系统,由于工期极其紧张,导致工程质量低,造成诸如鸳鸯线等低级错误,给客户造成很大影响;VPN系统由于没有考虑逃生设计,局部故障导致系统中断,客户无法使用业务;系统操作、管理权限不是基于使用者而是基于角色设计的,由于权限过大,误操作导致整个系统瘫痪等等,无不是因为我们的年轻和幼稚,因为这种年轻和幼稚,我们必须也只能付出更多代价,系统的设计和研要推倒重来,过去的工作等于是白做了。为了还能够赶得上市场的节奏,为了还能够从市场上获得竞争先机,我们只能付出比别人更多的精力来工作,加班累了,就在办公室铺下垫子睡一觉,醒了就继续干;思路没了,就在办公室铺下垫子睡一觉,有了思路就继续干,所以也造就了华为公司传承至今的垫子文化。"

这样的例子在华为可以说是数不胜数。当华为每一次陷入危机时,华为人几乎都是靠艰苦奋斗才渡过难关。如在2001年互联网泡沫破裂之后,行业市场急剧下滑和萎缩。这样的市场环境使华为进入了彻骨的"寒冬"。由于华为的销售出现负增长,很多员工因为暂时的不利处境纷纷离开华为,甚至有不少离开华为的员工在离开时还带走了华为的源程序、设计原理图等核心商业机密信息,在外面或自己开公司或有偿泄漏给同行业者进行仿制,这种零成本、无投入的仿制,在市场上还形成了对华为的正面竞争，几乎成为华为的灭顶之灾。

不仅如此，由于对市场形势和发展判断失误，华为错失了很多可以获得收益和利润的市场机会；由于没有准确判断泡沫带来的低谷，对局部市场和产品盲目乐观，造成了 5 亿元的器件库存和积压；NGN（Next Generotion Network，下一代网络）至今亏损超过 10 亿元，3G 至今亏损超过 40 亿元，不知道什么时候才能收回投资，这样的危机更使华为雪上加霜。

为了面对不确定的危机，华为再次开启了艰苦奋斗的列车。任正非坦言："住两块钱的招待所，顿顿吃方便面，睡机房，我们经常经历；跟我们同属一个客户的竞争对手的工程师，住的是当地最高档的宾馆，我们是多么的羡慕；在同一个机房干活的竞争对手的工程师，一到下午下班时间就收拾东西走了，而我们还在吭哧吭哧地干，我们还是羡慕。

"我们通过集体降薪来支撑住公司；我们通过忘我工作来弥补我们年轻造成的过错；我们通过舍家别妻奔赴海外开疆拓土来为公司过冬添棉袄。正是由于公司上下同心同德卧薪尝胆，我们挺到了今天。

"自公司创立那一天起，我们历经千辛万苦，一点一点地争取到订单和农村市场；另一方面我们把收入都拿出来投入到研究开发上。当时我们与世界电信巨头爱立信、阿尔卡特等的规模相差 200 倍之多。通过一点一滴锲而不舍的艰苦努力，我们用了十余年时间，终于在 2005 年，销售收入首次突破了 50 亿美元，但与通信巨头的差距仍有好几倍。最近不到一年时间里，业界几次大兼并，一下子使已经缩小的差距又陡然拉大了。我们刚指望获得一些喘息，直一直腰板，拍打拍打身上的泥土，没想到又要开始更加漫长的艰苦跋涉……"

在华为的艰苦奋斗中，华为坚持以奋斗者为本。任正非是这样介绍的：

　　　　我们已经在公司干部大会讲过，首先肯定金字塔模型这么多年对华为公司平衡（做出）的伟大贡献，接着还要继续改良，面对项目的复杂程度，一定要使金字塔模型异化。破格提拔是基于贡献、责任、牺牲精神。

其次，华为公司到底是肯定英勇作战的奋斗者，还是肯定股东？外界有一种说法：华为股票之所以值钱，是因为华为员工的奋斗，如果大家都不努力工作，华为的股票就会是废纸。是你们在拯救公司，确保财务投资者的利益呢！作为财务投资者应该获得合理回报，但要让"诺曼底登陆"的人和挖"巴拿马运河"的人拿更多回报，让奋斗者和劳动者有更多利益，这才是合理的。

华为确保奋斗者的利益，若你奋斗不动了，想申请退休，也要确保退休者有利益。不能说过去的奋斗者就没有利益了，否则以后谁上战场呢？但是若让退休者分得多一点，奋斗者分得少一点，傻帽才会去奋斗呢。因为将来我也是要退休的，如果确保退休者更多利益，那我应该支持这项政策，让你们多干活，我多分钱，但你们也不是傻帽。因此价值观不会发生很大变化，传这种话的人都是落后分子。华为将来也会规定，拥有一定股票额的人员退休后不能再二次就业。

第六章　狼性华为

在开疆拓土的步伐中,狼性文化曾经支撑着华为赢得了一次又一次胜利。有研究者甚至将此阶段称之为"土狼时代"。何谓"土狼时代"呢? 具体是指华为在中国与国际跨国企业一争天下的时期。

在后来的很多场合,任正非是这样介绍"土狼时代"的华为精神的:"发展中的企业犹如一只狼。狼有三大特性,一是敏锐的嗅觉;二是不屈不挠、奋不顾身的进攻精神;三是群体奋斗的意识。企业要扩张,必须要具备狼的这三个特性。"

可以说,任正非概括了华为在进攻中的状态。当时,任正非宏大的理想与煽动性的语录口号、运动式的内部交流方式,成为艰难环境中华为这个土狼群体拓展生存空间最有效的方式。[1] 事实证明,在"土狼时代",华为的进攻势如破竹,从而掀开了华为迈上新高度的扩张时代。1996 年 2 月,华为召开集体辞职大会,成为华为"土狼时代"的典型案例。这样的历史时刻记录了华为狼性的残酷和向上,为了生存,只有不屈不挠,勇于进攻,才能令华为迎来跨越式发展。

---

① 任鸽.任正非:缔造狼性华为[N].中国企业报,2011-07-26.

激活的华为"狼性文化"

20多年来,华为市场拓展中取得的骄人业绩值得其他中国企业学习和借鉴,它的发展路径在中国企业史上是较为独特的。当然,华为之所以能够把一个巨大而高素质的团队团结起来,令员工充满工作激情,是因为华为有狼性的团队精神。

一些研究者撰文称,互助是华为团队精神的核心。华为崇尚"狼"的关键所在,是因为狼有三个特性:其一,有良好的嗅觉;其二,反应敏捷;其三,发现猎物会集体攻击。从这三个特性可以看出,华为人把狼作为学习的榜样,要向狼学习"狼性",主要还是为了更好地激活狼性文化。在企业永不停息的边界扩张中,这样的文化是永远不会过时的,因为在市场的拓展中,只有团队才能击败独兽,哪怕是世界最顶尖的企业思科也是如此。

当我每次在培训课上问学员们对华为的第一印象时,他们总会情不自禁地想到"狼",甚至认为华为是"狼性"文化的代名词。

电影《狼图腾》再次把狼引入观众的视野中。狼在影视作品中被屡屡展示,是因为它有强大的生存能力和战斗精神。

在200万年前的地球上,有3个最迅猛的食物链顶级杀手,如果按照杀戮威力从大到小来排列,它们分别是泰坦鸟、剑齿虎和狼。

自然界遵循优胜劣汰的丛林法则。在经过200万年的马拉松长跑之后,泰坦鸟、剑齿虎已经被自然界淘汰了,只剩下杀戮威力相对最小的狼。可能读者会问,泰坦鸟拥有巨大体型、超强耐力,奔跑迅速、攻击迅猛,为什么却在数十万年前大杀四方后灭绝了呢?

原因在于,尽管泰坦鸟和剑齿虎体型大、动作迅猛,比狼的威力大得多,体现在但是泰坦鸟和剑齿虎都缺乏社会体系,在独居或者狩猎时,其弊端就凸显出来:首先,无法有效地在外出捕食时保护幼小甚至未孵化(泰坦鸟)的后代;其次,尽管泰坦鸟和剑齿虎捕杀猎物的能力较强,由于消化和进食速度较慢,能否守护住捕获的猎物就是一个不得不面临的问题,在非洲大草原上,狮子捕获的猎物被鬣狗抢走的事情时有发生。

个头较小的狼群,往往擅长团队作战,不仅可以更有效地保护后代不受其他捕食者的侵扰,同时狼的捕猎行动非常迅速,善于合作攻击对手的弱点,甚至咬断猎物的大腿跟腱,使其瘫痪,尽管这样的风险较高,但是狼群却无所顾忌。即使是一头鹿,狼群 20 分钟便可将其吃光,丝毫不会留给其他伺机掠夺者任何机会。

就这样,踏着历史的车轮,狼凭借团队的合作狩猎战胜了泰坦鸟和剑齿虎,当其他顶级杀手都消亡了,它们却生存了下来,一度成为食物链的最高端霸主,直到人类的出现。为此,有管理专家认为,在自然界中,狼可能比人更有团队精神。狼群在捕猎时通常不会单独行动,往往都有严密的组织行为,同时还会根据所在地的地形和气候条件,合理安排行动计划。

在商业世界里,团队精神较强的企业往往能赢得竞争的胜利。华为在拓展国际市场时也不例外,时刻强调团队精神,时刻强调华为的整体性,文化才被业界誉为"狼性"文化。

关于团队的力量,任正非在内部讲话上强调:"一个人不管如何努力,永远也赶不上时代的步伐。只有组织起数十人、数百人、数千人一同奋斗,你站在这上面,才摸得到时代的脚。我放弃做专家,而是做组织者。我越来越不懂技术,越来越不懂财务,半懂不懂管理,如果不能充分发挥各路英雄的作用,我将一事无成。"

在《华为公司基本法》中,也对团队精神加以强调:"华为始终是一个整体,倾听不同意见,团结一切可以团结的人。"这句话包括三个方面:(1)强调华为的"整体性";(2)允许"求同存异",尊重每一个个体的意见;(3)营造"大团队"氛围。

《华为公司基本法》在"整体性"上有详细的规定。如强调"集体奋斗",而"不迁就有功的员工"等。这样的注解让研究者们刮目相看。

《华为公司基本法》在"求同存异"上也有明确描述。如在"首长办公会"时提出："各级首长办公会的讨论结果，以会议纪要的方式向上级呈报。报告上必须有三分之二以上的正式成员签名，报告中要特别注明讨论过程中的不同意见。"

为了使"大团队"建设更具竞争力，《华为公司基本法》中这样写道："华为主张在顾客、员工与合作者之间结成利益共同体。"这样的理念在中国的民营企业中是很少见的，多数企业在"员工之间"或"与合作者之间"或许有提及"利益共同体"概念，但是在"顾客和企业之间"很少提这个概念。更令人惊叹的是，华为没有仅仅停留在理念层面，在实际工作中确确实实按照这样的理念开展工作，团结一切可以团结的力量，打造了一个前所未有的强大的商业生物链。超过 2000 亿元的营业额就是有力的证明。①

华为狼性企业文化的三大特性

在通信制造业，一些研究者把不同企业比作一望无际的大草原上的三种动物：将跨国公司比喻为狮子；将跨国公司在中国的合资企业比喻为豹子；将中国本土企业比喻为土狼。

客观地讲，该比喻是非常贴切的。经过 20 多年的发展，华为在中国和国际化市场的拓展中，真正地把"土狼"作了最为杰出的注解。

对于任何一个初创企业来说，企业经营者只有拥有狼性精神，才能在实力雄厚的跨国企业和本土巨头的夹缝中、在前有阻截后有追兵的困境中生存和发展。敏锐地察觉竞争对手的产品研发和销售市场动向的变化，才能在竞争中抓住先机，把握进攻的主动权，挫败竞争者，赢得胜利。

---

① 包·恩，巴图. 慧眼看《华为基本法》[EB/OL]. (2013-04-08)[2015-04-10]. http://www.emkt.com.cn/article/586/58627.html.

在自然界中,当狼群与狮子战斗时,狼群使用任何一切可以利用的方法,甚至不惜代价以车轮战的方式对狮子发动一轮又一轮的疯狂攻击,把实力雄厚的狮子弄得筋疲力尽而悻悻离去。这样的生存能力是非常强大的,令狮子都畏惧。

在华为的发展和壮大过程中,尽管跨国企业占尽资金和技术优势,但是华为找到了自己的生存之法——采用市场中最有效的战术,常常以集体战的方法,打败比自己强大若干倍的竞争对手,赢得不断成长的机会。

在通信市场,华为正是扮演着不要命的狼群角色,通过各种有效的市场竞争手段,阻击了外来的狮豹。在短短的 20 多年间,华为狼的数量就从几百头增加到几万头,成功地壮大了狼群的规模。

(1)市场拓展中的狼性

对华为来说,市场拓展表现出了其狼性最为鲜活的一面,就是以整体力量向外攻击,为实现目标利用各种手段,争夺市场。它对胜利有着疯狂的追求,它对失败有着不懈的忍耐。在竞争中,华为的武器不一定是最好的,但是一定是最有效的,所以它的竞争力根植于它的狼性。[①] 当华为在美国拓展市场受阻后,任正非没有抱怨,而是积极地拓展欧洲市场。路透社记者 Jane Barrett 向任正非发问:"考虑到国安局这边的监听、泄密,美国不愿意让华为进入美国的市场,未来有没有可能,美国让华为卖设备? 华为对美国市场有没有采取一些措施?"

对此问题,任正非是这样回答的:

> 我们渴望给美国人民提供服务,我们能够使美国网络健康发展,但由于目前的互相不信任,我们在美国的投资速度减慢了。
>
> 随着时间的推移,人们对华为的了解会越来越多的,比如欧洲等很多国家,并没有排斥华为。我们要加快在这些友好国家的网络发

---

① 江敏.浅析华为企业文化的塑造与启示[D].南昌大学学士学位论文,2012.

展,加大对这些地区的投资。在 2018 年左右,华为的销售收入可能会到达 700 亿~800 亿美元,新增投资大量会投在英国和欧盟,当然也包括别的国家。我们要逐个与各个国家建立信任和互惠互利的机制。

英国近期建立的网络安全监管委员会,我们是坚决支持的,我们欢迎以监管的方式来对待华为。华为有 4 万多名员工是外籍员工,华为大量高端科学家都是西方科学家,相当多的管理层也是西方员工,这样发展下去,华为肯定对社会越来越透明,越来越让大家增强信任。短时间,有个别国家不信任(很正常),但我相信这个历史总会过去。

大家都说我这个人不愿意见媒体,从而说公司很神秘,其实是我个人性格问题,而不是其他原因。因为我个人比较羞涩,不愿意面对社会的荣誉,回避这些的时候,就回避了媒体。所以我也慢慢走向开放,让大家看到我是什么样的人,从而让华为最后一点神秘的面纱被撕掉。

可能读者会好奇地问,是什么样的原因导致华为这样一个拥有狼性文化的中国优秀企业在美国频频遭遇贸易壁垒的制约呢?原因还是美国以安全为由的贸易保护主义。这样的"潜规则"让华为颇为无奈。

据媒体报道,让华为在美国遭遇重重阻碍的是美国外国投资委员会(CFIUS)。该机构成立于 1988 年,专门负责审议外资收购。自从"中海油并购案"之后,该机构对中国企业在美国的并购尤为警惕。

据《纽约时报》报道称,该机构以国家安全为由,8 名共和党参议员要求奥巴马政府仔细审视华为向美国斯普林特奈斯特(Sprint Nextel)供应设备的相关事宜,要求美国政府和国家安全局全面调查华为,评估允许其向斯普林特奈斯特销售设备所带来的风险。

让美国外国投资委员会忌惮华为并购的美国斯普林特奈斯特公司到底是怎样一家公司呢?据资料显示,斯普林特创办于 1889 年,于 2005 年与奈斯德公司合并。目前,斯普林特奈斯特建立并运营着美国境内唯一全数字的光纤通信网络。其主要业务是为美国军队和法律执行部门提供设备,同时也为众多公司提供系列设施、系统软件和服务。

让美国外国投资委员会反对的是，在美国斯普林特奈斯特无线宽带网络的扩容招标中，华为也参加了投标，华为有意向向斯普林特奈斯特公司销售其无线通信设备，此举招致 8 名共和党参议员的反对。

这些议员们的理由是，一旦华为成为斯普林特奈斯特的供应商，将会给美国国家以及公司的安全造成潜在威胁。在阻击外国企业合作和并购中，最冠冕堂皇的理由就是国家安全。正是这一理由，使得议员们反对华为的正常商业行为变得无懈可击，甚至还将反对信寄给了时任美国财政部部长的盖特纳（Geithner）和国家情报局局长拉珀（Clapper）。对此美国财政部发言人娜塔莉·维斯表示，财政部已经收到此信且正在回复，美国政府欢迎中国在内的外国公司的投资，外国公司的投资使美国经济受益匪浅，为美国制造了上百万个薪水不菲的岗位。①

（2）研发中的狼性

在华为，不屈不挠、奋勇拼搏的狼性无处不在，即使是在研发上也同样如此。研究人员勤勤恳恳、埋头苦干，不害怕"冷板凳要坐十年"，坚持"从点点滴滴做起"，研究问题不做广，而是要做深。所以华为的技术总能在国内领先，这是科技产品抢占市场的利器。②

为了激活狼性的华为团队，任正非在内部会上说："我们的管理者，特别是大批年轻的基层管理者，要努力提升自身的管理能力，加强学习，积累管理经验。对事的管理上，要做好计划，要合理分配工作，合理规划工作节奏，张弛有度，攻下一个山头后，团队要注意适当休整、认真总结。在对人的管理上，要加强对下属的关心和爱护，多一些沟通和辅导，润物无声，帮助下属提高技能和效率，培养工作中的自信心、成就感。

---

① 许洁.华为美国招标再受挫 分析建议其海外上市[N].证券日报,2010-08-26.
② 包晓闻,宋联可.中国企业核心竞争力经典:企业文化[M].北京:经济科学出版社,2003:15—20.

"2005年春节晚会上,《千手观音》给了我们很大震撼。那些完全听不到声音,也许一生都不知道什么是声音的孩子,竟然能形成那么整齐划一的动作、那么精美绝伦的演出,其中的艰辛和付出可想而知。"

(3)危机意识中强烈的狼性

在华为,如同狼一样,拥有强烈的危机意识。作为指挥长的任正非曾写过《华为的冬天》和《北国的春天》两篇文章,其中的危机论给中国企业经营者敲响了警钟。

华为之所以能够在与跨国企业的较量中赢得胜利,是因为任正非将狼的三大特性融入华为的核心文化中,从而形成独树一帜的狼性文化。特别是在我国企业的实力还远远弱于世界级企业,而又必须在全球经济一体化的竞争中生存的时刻,狼性文化发挥了奇效,构成了实用、有效的特殊竞争力。[①]

可以说,狼性是华为企业文化特性的浓缩,任正非对此有着精辟的论述:"资源是会枯竭的,唯有文化才会生生不息。一切工业产品都是人类智慧创造的,华为没有可以依存的自然资源,唯有在人的头脑中挖掘出大油田、大森林、大煤矿……精神是可以转化成物质的,物质文明有利于巩固精神文明,我们坚持以精神文明促进物质文明的方针。这里的文化,不仅仅包含知识、技术、管理、情操……也包含了一切促进生产力发展的无形因素。"

---

① 包晓闻,宋联可.中国企业核心竞争力经典:企业文化[M].北京:经济科学出版社,2003:15—20.

第七章　华为不上市

对于任何一个企业来说，是否上市，通常都有内部原因和外部原因：内部原因一般包括股权结构、是否缺乏拓展业务所需要的资金以及社会化等。在中国，企业上市的外部原因包括政府某些官员的政绩、市场因素等。

然而，华为拒绝上市。如果分析其中的内部原因，公开数据资料显示，由于华为的股权不集中，通常企业上市就意味着管理层控制权可能被剥夺。此外，华为持有原始股的股东众多，一旦企业上市成功，众多瞬间成为亿万富翁的员工就可能会丧失工作激情。

不可否认，华为不上市的一个最重要的原因，是华为流动资金雄厚，不缺钱。如果某个企业不缺乏扩张或者运营的资金，也就没有上市圈钱的动力。一旦上市之后，企业的战略决策和投资动向以及诸多的企业信息必须公开，同时还得接受股东和媒体的监督。这些企业信息的透明化，对一个默默崛起的民营企业而言，显然需要时间来适应。因此，华为的上市时间依然是个未知数。

资本是贪婪的魔鬼

众所周知,在中国企业界,华为创始人任正非和"老干妈"创始人陶华碧被实业界推崇,而这两位成功的企业家都提出了不上市的理念。尽管他们理念相同,但是理由却刚好相反,据英国《每日电讯报》报道称,任正非在伦敦的一个新闻发布会上对媒体表示:"事实上,公众股东是贪婪的,他们希望尽早榨干公司的每一滴利润。而拥有这家公司的人则不会那么贪婪……我们之所以能超越同业竞争对手,原因之一就是没有上市。"

任正非表示:"因为公司的拥有者并不贪婪,因此华为也能留在所享受的位置。但是我不可能永远活着,也许有一天华为人也会变得贪婪。这就是华为能够赶超业界同行的原因之一。华为的员工也是公司的所有者,因此他们往往会着眼长远,不会急于套现。"

陶华碧的理由是:"我坚决不上市,一上市,就可能倾家荡产。上市那是欺骗人家的钱,有钱你就拿,把钱圈了,喊他来入股,到时候把钱吸走了,我来还债,我才不干呢。所以一有政府人员跟我谈上市,我跟他说:谈都不要谈!免谈!你问我要钱,我没得,要命一条。"

媒体大篇幅地报道了贵州"老干妈"辣酱创始人陶华碧坚决不上市,甚至认为上市是骗钱的行为,从而把这位企业家推向了风口浪尖。

反观陶华碧的创业历程,她于 1996 年创办了贵阳南明"老干妈"风味食品有限责任公司,经过 20 年的发展,这家企业将不足 10 元的辣椒酱打造成登上美国奢侈品销售网站的国际品牌,而陶华碧也成为中国最大辣椒酱企业的掌门人。

2013 年,老干妈实现年销售收入 37.2 亿元,上缴税收 5.1 亿元。比骄人业绩更为人津津乐道的,是其不上市、不贷款、不融资和现款现货的经营原则。①

的确,在如今许多企业家都争着上市圈钱的氛围下,陶华碧居然拒绝上市,这种另类做法使其能够安然度过金融危机,同时也让那些财务造假上市、业绩变脸、急着变现的企业家们汗颜。在如今的商业竞争中,拒绝浮躁是一种修炼。

企业不上市不仅在中国一些企业家中成为共识,其实在日本也有很多企业坚持不上市。如日本村松株式会社(Muramatsu)社长村松宪行曾经对外说过,不希望日本村松株式会社上市。这样的观点可能让一些中国企业家难以理解。

村松宪行为什么如此坚持企业不上市呢?他是这样解释的:"首先,我们不希望自己的事业成为股东追求短期利益的目标,因为我希望为顾客提供至上的服务。第二,我们公司没有必要追求眼前的资本盈利,完全可以依靠主业追求长期效益。第三,实际上也是最根本的理由,我们公司目前不必从股票市场筹措资金,所以没有必要上市。我们不缺钱,如果因一笔大投资需要借钱,我们可以向银行贷款。"

《上海证券报》在采访村松宪行时问他:"很多企业家认为,如果上市了,就可以融到更多的钱,公司就可以扩大规模。不上市和追求公司发展间是否需要平衡呢?"

其实,这个问题一直困扰着很多企业经营者,而村松宪行的看法是:"不上市和发展并不矛盾。在日本,一些很大的公司也没有上市,比如说大家都熟知的三得利公司,还有以制造醋为主的三滩醋业公司,它们的营业额都超过 1000 亿日元,也有很高知名度。不过,它们都没有上市。"

村松宪行的经营理念是:集中做主业,不做其他投资,坚持不上市。事实证明,正是村松宪行保守经营的做法,让日本村松株式会社在金融危机

① 谢怡晴.老干妈的另类成功学:绝缘外来资本[N].时代周报,2014-04-10.

中依然保持高速发展。不管是华为老干妈还是日本的诸多企业，都没有把上市作为不惜一切代价而为之的战略任务。

盲目上市无异于拔苗助长

　　纷纷扰扰的华为上市问题，不仅中国媒体关心，连美国财经媒体也十分关注。对此，任正非在接受《华尔街日报》记者山姆·谢克纳（Sam Schechner）的采访时说："华为公司也会是贪婪的，我们只是尽力抑制。我们在一段时间里不上市，但我们不能保证，我们永远不上市。'永远不上市'这句话，在逻辑上是不通的，因为生命不能永远，所以承诺不能永远。但至少相当长的时间里，我们没有考虑这个问题。"

　　在任正非看来，华为上市至少还需要一个相当长的过程，暂时没必要考虑。对于任何一个企业来说，盲目上市无异于拔苗助长，不仅极大地阻碍企业的发展，甚至还会让员工失去工作动力。

　　对于华为为什么不上市，任正非的观点是："猪养得太肥了，连哼哼声都没了。科技企业是靠人才推动的，公司过早上市，就会有一批人变成百万富翁、千万富翁，他们的工作激情就会衰退，这对华为不是好事……员工年纪轻轻太有钱了，会变得懒惰，对他们个人的成长也不会有利。对员工本人也不见得是好事，华为会因此而增长缓慢，乃至于队伍涣散。"

　　任正非还表示："公司董事会20多年来不仅从未研究过上市问题，而且在未来5至10年内，华为既不考虑整体上市，也不考虑分拆上市，更不考虑通过合并、兼并、收购的方式进入资本游戏。"

　　据说，几年前摩根士丹利首席经济学家斯蒂芬·罗奇（Stephen Roach）曾率领机构投资团队访问华为总部，任正非只派了负责研发的常务副总裁费敏接待。

　　事后，罗奇失望地说："他拒绝的可是一个3万亿美元的团队。"对此，任正非的回应是："他罗奇又不是客户,我为什么要见他? 如果是客户的话,最小的我都会见。我是卖设备的,就要找到买设备的人……"

其实,对于任何一个企业老板而言,上市与否完全取决于企业自身的发展情况。如果财务不规范,那么就需要聘请会计专家审核财务状况;如果要上市,也需要聘请相关专家,循序渐进地规范企业经营,逐步达到上市公司的要求,绝对不能拔苗助长。

可能有读者会问,为什么很多企业老板还要不顾一切匆忙上市,有的企业老板还造假上市呢?

这是因为部分企业老板不懂法律,总是抱着侥幸心理,铤而走险,这样的结果就是搬起石头砸自己的脚,反而将自己多年经营的事业葬送了。

1996 年,绿大地生物科技股份有限公司创办者和董事长何学葵从云南小城河口一个小花店起步,仅用了短短 5 年时间,她经营的小花店很快发展成了总资产上亿元的大型民营企业。

而此刻的何学葵大胆决定和科研部门合作,没过多久就培育出了 20 多个新品种花卉,建成了云南省境内最大的种苗培养基地。何学葵培育的花卉产品得到了中外经销商的认可,甚至还出口海外。

在事业蒸蒸日上的时候,何学葵抓住了 1999 年昆明世博会这个巨大的商机,签订了多项绿化工程项目的合同,为绿大地生物科技股份公司成为云南园艺和绿化行业的龙头企业打下了坚实的基础。

《圣经》说,大多数人都会选择走"宽门",因为这是最好走的路,但也是通向地狱的路。只有极少数人才会选择"窄门",那里通向天堂。何学葵如果脚踏实地地经营下去,绿大地很可能会有一个美好的未来。但是她却不满足于这样稳健的发展路径,而是去追求跨越式的发展,希望绿大地能够在短时间内迅速做大。

正是迅速做大的想法,何学葵希望绿大地尽快上市,通过上市融资的方式来快速扩张。

　　而在那时,何学葵正好接触到了几位资本运作方面的资深专家。这些专家向她介绍了有关资本市场翻手为云、覆手为雨的种种传奇,勾起了她强烈的上市欲望。在何学葵的战略中,绿大地有条件要上市,没有条件创造条件也要上市。

　　当然,要想上市必须达到上市的标准。然而,按照绿大地当时的情况,肯定是达不到上市标准的,绿大地上市只不过是何学葵的一厢情愿而已。

　　要实现上市,何学葵就必须聘请相应的管理人才,她请到的是曾经就职于贵州财经学院和云南省审计厅的蒋凯西。

　　为了让蒋凯西帮自己实现绿大地的上市梦,何学葵拿出了一部分原始股权给蒋凯西,并在2000年前后,聘请蒋凯西担任了绿大地的董事和财务总监。

　　蒋凯西的加盟,加快了绿大地上市的步伐。蒋凯西为了让绿大地更快上市,向何学葵推荐了上市资深专家——庞明星。

　　可以说,庞明星是一位名副其实的上市专家。庞明星在2003年加盟绿大地之前,已经帮助10多家中国企业做过上市,对上市的流程了如指掌。

　　为了能让绿大地达到上市的标准,绿大地董事长何学葵、财务总监蒋凯西、财务顾问庞明星、出纳赵海丽在账本上虚增业绩,而采购中心主任赵海燕则在客户上做文章。就这样,绿大地这辆造假的马车开始在上市的路途上狂奔,主要走了以下三步:

　　(1)修改公司名称:把绿大地公司的名称加入"生物科技"的字样,以迎合市场和投资人的喜好。

　　(2)注册一批由绿大地实际控制的公司:利用其掌控的银行账户,操控资金流转。

　　(3)伪造合同、发票和工商登记资料,虚构交易业务,虚增资产,虚增收入以达到上市的条件。

事后的稽查发现,绿大地在上市前后,虚增资产 3.37 亿元,虚增收入 5.47 亿元,个别的资产竟然被虚增了 18 倍之多。2006 年 10 月,绿大地的第一次上市失败。对此,何学葵认为:"发行股票没有审核通过的原因,主要是关于市场调研运行还有市场前景的问题,大量募集资金投向与经营问题。"

但是,在何学葵"绿大地有条件要上市,没有条件创造条件也要上市"的指示下,绿大地最终真的上市了。2007 年 12 月 21 日,绿大地成功登上中小企业板,募集资金 3.46 亿元,成为当时 A 股唯一一家绿化行业的上市公司,也成为云南省第一家民营上市公司。

就在上市挂牌的第一天,绿大地的股价一路高涨,市值上涨了178%,最高时涨到了每股近 64 元,而作为绿大地创办者和董事长何学葵,因此一度拥有超过 27 亿元的资产。

2009 年,在资本市场上凯旋的何学葵跻身胡润富豪榜,成为媒体和地方政府关注的云南女首富。而此时,在资本市场上狂奔的绿大地已经踏上了一条不归路。

为了达到上市公司的要求,何学葵等人通过造假堆出虚假的繁荣。为了避免绿大地的资金链断裂,何学葵在 2009 年 8 月提出了增发申请。

然而,让何学葵没有想到的是,正是 2009 年 8 月提出的增发申请,让监管部门发现了绿大地造假上市的水下冰山,最终导致了整个骗局的败露。

2011 年 12 月,昆明市官渡区法院做出了判决:绿大地公司构成欺诈发行股票罪,判处罚金 400 万元;何学葵被判处有期徒刑三年,缓刑四年;其他几位被告也分别被判处二到四年的缓刑。

那次判决之后,何学葵并没有上诉,但是昆明市检察院却提出了抗诉,认为判罚太轻,这才有了 2012 年 5 月 7 日在昆明市中级人民法院的第二次审判。这一次,检方又对何学葵等被告提出了违规披露重要信息罪、伪造金融票证罪和故意销毁会计凭证罪等三项指控。其中伪造金融票证罪最严重的刑罚是无期徒刑。中国新时代的云南女首富就这样悄然陨落了。

在本案例中，何学葵为了公司上市不惜造假，最终为自己的行为付出了代价。客观地说，何学葵曾是中国女企业家中一个非常耀眼的明星人物。

1990年7月，何学葵毕业于云南财贸学院商业经济系，其后相继担任云南省路达公司财务经理、云南省卫生厅升龙公司业务经理、昆明五华经贸公司总经理等职务；1996年6月，何学葵联合其他股东组建了云南河口绿大地实业有限责任公司，任总经理；2001年3月，公司整体变更为云南绿大地生物科技股份有限公司，何学葵担任董事长。2011年3月18日，因个人原因，何学葵申请辞去公司董事、董事长职务。

短短数年间，何学葵把一家仅有20万元流动资金、5名员工的小花店发展成一个注册资本为4400多万元、总资产上亿元、拥有250多名员工的大型股份制企业。

这样的经营业绩说明何学葵是一位不可多得的女企业家。对此，中国证监会稽查大队稽查人员小刘在接受采访时谈道："（如果）公司就踏踏实实做工程，做苗木工程，做绿化，估计还可以，但是规模可能不会像现在虚假这么大。"

当何学葵造假上市的事件被媒体披露后，有媒体公然把绿大地称为"银广夏第二"，因为绿大地和银广夏这两家公司的造假方法雷同，两家公司都是农业股，都是虚增利润，业绩造假。

何学葵"绿大地有条件要上市，没有条件创造条件也要上市"的做法警示众人：尽管上市融资对于任何一个企业来说都具有非常大的诱惑力，但是企业一旦不计成本、盲目跟风甚至造假，最终都要为之付出惨重的代价。上述案例中绿大地创始人何学葵不仅失去了实现自我价值的机会，而且公司的前途也毁了,实在令人惋惜。

任正非正是看到了盲目上市的弊端,所以才没有考虑华为上市的具体战略。任正非在接受媒体采访时坦言:"承诺不能永远。但至少相当长的时间里,我们没有考虑这个问题。"这样的回答,足以说明华为对上市一事的慎重。

上市要根据自身条件,还要坚持循序渐进

在很多场合,一些企业老板总是大张旗鼓地向外界宣称,要在多长时间之内把企业做上市,甚至不惜一切代价。如果老板这样做,企业就危险了。

的确,我们经常能看到,一些企业在上市后按捺不住狂喜的心情,不是把"××企业成功上市"的大幅标语挂在企业大厦的顶端,就是把上市作为炫耀的资本——我们是上市公司。

其实,这些企业老板压根没弄明白为什么要上市,除了攀比之外,大多都是盲目跟风。在中国,新东方教育集团可以说是民营教育机构的一面旗帜。但在新东方上市之后,其创始人俞敏洪曾经在多个场合向外界传递了对新东方上市决定的后悔。

媒体记者问俞敏洪:"作为一个成功者,你人生最大的失败是什么?"他的回答给众多不惜一切代价上市的老板泼了一盆冷水。

俞敏洪说:"最失败的就是让新东方上市。其他都还好。这个失败从另一个意义上说也是成功,没有上市也没有这么多关注。"

俞敏洪说,上市就要对股东负责,就要追求规模和利润增长。企业在扩张之后如何来保证产品质量是一个非常棘手的问题。

由于工作的原因,俞敏洪曾多次到访欧洲。他对巴黎的咖啡馆情有独钟,同时也反思新东方上市的决定是否错了。俞敏洪说:"很多 500 年、800

年的咖啡店现在还开着，规模没有变化，但因祖辈相传，充满了幸福感和骄傲感。"

然而，一旦企业上市，追求规模和利润增长就不得不作为企业经营的重要战略方向。"想一下，如果咖啡店以每年20％的速度扩张，会变成什么样？整个巴黎应该（到处）是同一家咖啡店了。"俞敏洪说，这感觉太荒谬了。

俞敏洪坦言，自己的下一个梦想，是建立一所真正的非营利性私人大学，提供全球最好的师资和最好的教育。然而，当新东方上市之后，他却开始远离上市的初衷。

俞敏洪的观点是非常有道理的。反观在美国、欧洲等地的成熟市场国家，许多企业不肯轻易上市，在这些企业老板的意识中，是否上市是一个关乎企业生存和发展的十分谨慎的决策。

然而，中国的诸多企业几乎把企业上市作为一个伟大的目标来实现，甚至在很多企业战略中，明确把上市作为一件重要的任务来抓。

为什么美国、欧洲等地的企业不肯轻易上市，而中国企业却纷纷举起上市的大旗？究其原因，就是"上市观"的差异非常巨大。

企业老板的动机不同，前者是为了更好地把企业做强做大，而后者却把上市作为企业发展的目的，甚至不惜造假。动机不同，其产生的后果也迥然不同。

在"家族企业长盛不衰的秘诀"培训课上，一个学员说："我觉得美国、欧洲等地的企业创始人就知道傻乎乎地干，一点都不懂得利用资本经营的作用，不轻易上市就是太保守。"

这个学员的想法很有代表性，他只知道上市给家族企业带来的积极作用，却不知道上市有时也会影响家族企业的发展。一般地，家族企业上市的作用有以下6个：

（1）有助于家族企业实现低成本、快速融资。融资是家族企业非常棘手的问题，而上市是家族企业在融资方面一个相对低成本的融资方式。

（2）有助于家族企业减少对银行贷款的过度依赖。在家族企业的发展过程中，为了获得更好的发展，创始人往往会向银行寻求贷款，这样就会造成对银行的依赖性。上市后，家族企业从资本市场融到巨额的资本，资产负债率也相应大大地降低了，对银行贷款的依赖性也就相应地降低了。与此同时，其在银行的信用评级还会得到相应提高。

（3）方便可融资和再融资。在家族企业的发展中，往往面临着可融资和再融资的问题。当家族企业上市后，就可以进行可融资和再融资了。当然，家族企业可融资和再融资由此带来资金乘数效应，从而获得更多的发展机会。比如，万科当初是以倒卖猪饲料起步的，后来凭借上市再融资获得了很多发展机遇，如今的万科在资本市场获得了充裕的发展资金。

（4）低成本广告效应。家族企业在上市前后，众多媒体会发表相关的分析文章，对于提升家族企业品牌有一定的作用。

（5）实现跨越式发展。家族企业上市后，不仅募集了巨额的发展资本，而且还能利用募集的资本来完成产业链的整合。

（6）提升家族企业的管理水平。企业上市后，必须按照规定引进科学的公司治理方法，建立一套规范的管理体制和财务体制，这有助于提升家族企业的管理水平。

可能读者会问，既然家族企业上市的优势如此明显，那么美国和欧洲等国的家族企业为什么不轻易上市呢？

因为这些家族企业创始人知道，一旦"上市"，就意味着曾经由一个人或几个人掌管的家族企业将变成由许多人（包括中小投资者）共同拥有。当然，这只是不愿意上市的原因之一，更主要的原因如下：

（1）当家族企业上市后，人们往往对上市公司尤其是那些高成长型企业都有较高的成长预期。

（2）不愿意接受上市公司必须遵循的严格的信息披露制度，因为企业一旦上市，就必须公开企业信息，即使某些商业秘密也不例外，这是对企业竞争力的巨大挑战。

（3）一般地，当企业上市后，就成为一家公众企业。而家族企业对社会的直接影响以及自身社会形象都有"放大"效应，一旦遭遇危机，股票市值就可能大幅度缩水。

（4）当企业上市之后，家族企业创始人的股权被稀释，企业的经营战略或者某些经营决策也可能被更多人控制或者被迫做出改变，甚至有企业控股权都有旁落他人的危险，尤其是过去由家族企业创始人独享的利润将被极大地"摊薄"。

第三部分 终日乾乾

以前我们还有家传秘方,比如说爷爷打菜刀打得很好,方圆五十里都知道我们家菜刀好,然后孙子继承了爷爷的手艺。在方圆五十里我是优秀的铁匠,就能娶到一朵金花。那现在铁匠还行吗?现在经济全球化啦。人家用碳纤维做的刀,削铁如泥,比钢刀还好得多。你在方圆几公里、几十公里曾经流传几十年、几百年的祖传(手艺),就被经济全球化在几秒钟内打得粉碎。

——任正非

第八章　任正非的国际化逻辑

从《华为公司基本法》可以看出，走向国际市场，做世界级企业是任正非的梦想和坚持走的道路。2000年互联网泡沫破灭之后，华为更加重视海外市场的拓展。任正非是这样谈及华为国际化的："在这样的时代，一个企业需要有全球性的战略眼光才能发奋图强，一个民族需要汲取全球的精髓才能繁荣昌盛，一个公司需要建立全球性的商业生态系统才能生生不息，一个员工需要具备四海为家的胸怀和本领才能收获出类拔萃的职业生涯。"

除了从市场的角度分析华为的国际化，任正非还从华为长远发展、培养华为人的角度阐释拓展国际市场的目的。任正非说："以前我们还有家传秘方，比如说爷爷打菜刀打得很好，方圆五十里都知道我们家菜刀好，然后孙子继承了爷爷的手艺。在方圆五十里我是优秀的铁匠，就能娶到一朵金花。那现在铁匠还行吗？现在经济全球化啦。人家用碳纤维做的刀，削铁如泥，比钢刀还好得多。你在方圆几公里、几十公里曾经流传几十年、几百年的祖传（手艺），就被经济全球化在几秒钟内打得粉碎。"

任正非的忧虑说明，华为国际化对其自身的发展和壮大尤为重要。在任正非看来，华为国际化不是可不可行的问题，而是必须做的事。

走出去就是机会

在华为的国际化征程中，处处体现着任正非的国际化逻辑——走出去就是机会。尽管这个道理简单而朴素，但是为了赢得这个机会，其中的艰辛，付出的努力、勇气和毅力都是很多研究者难以体会和想象的。

当联想 2004 年成功收购美国 IBM 个人电脑业务后，一些中国媒体把 2004 年称之为中国国际化元年，以联想为首的中国企业吹响了国际化的号角。由此，企业国际化成为那些野心勃勃的中国企业最热衷讨论的话题之一。

各国在国际化的道路上，都走过了漫长又饱含挫折的道路。对于今天的中国企业来说同样如此。目前，华为、联想、TCL、海尔、格力电器等很多中国企业在国际化道路上，仅仅迈出了小心翼翼的第一步。

在美国市场，美国政府以安全为由处处为华为设置障碍，甚至还有意刁难，华为对此发表声明："美国总是以陈旧的错误面孔看待华为，公司对此十分失望。"而时任中国驻美大使馆发言人王宝东也发表声明称："我希望部分美国人能够以理智的方式对待这些正常的商务活动，而不要滥用国家安全之名。"

尽管华为在美国市场上花费了不少精力，却收获甚微。资料显示，在华为的全球版图中，北美市场是最薄弱的部分，仅占不到 1% 的份额。寻找大型收购标的成为一条快速突破北美市场的捷径。但 2010 年 7 月的 2Wire 及摩托罗拉无线设备部门这两起并购案均以失败告终，这些并不是华为在北美的首次遇挫。①

早在 2007 年，华为携手国际投资机构贝恩资本打算收购 3Com，但是

---

① 许洁.华为美国招标再受挫 分析建议其海外上市[N].证券日报,2010-08-26.

因为美国政府担心华为获得美国国防部使用的反黑客技术，最终并购计划被美国外国投资委员会否决。而 3Com 则被惠普公司成功收购。

华为在美国市场上曾经做过不少努力，但是都因为美国政府的贸易保护而最终搁浅。如华为试图收购北电网络的一部分业务，但由于华为有被起诉侵犯知识产权等"污点"，最终被禁止并购，这部分业务被爱立信并购。

不仅在北美市场上，在印度市场上，华为同样不断遭遇挫折。2009 年 12 月，印度电信部宣布，服务提供商必须得到政府批准。其后，华为在印度市场中大约 3 亿美元的业务就这样不得不被搁置。

印度电信部颁布新规定，设备厂商必须允许电信部、运营商或者指定机构对其硬件和软件产品以及设计研发、制造、销售过程进行审查，并将所有软件交给安全风险监测机构进行审查。

根据新规定，一旦设备商的产品被监测出安全问题，不仅将面临高额罚款，甚至还会被印度政府列入"黑名单"。

尽管这些新规定要求电信设备供应商向印度政府提供其设备的源代码、工程设计以及其他文件，但是印度作为华为的重要目标市场，华为自然愿意接受这些新规定。

这仅仅是华为在国际化征程中一个微小的缩影，其艰难程度已超出很多人的想象。不过，这样的艰辛也在任正非的意料之中。

当我们梳理这些企业在国际化进程的经历会发现，国际化总是伴随着太多艰难与失意——这似乎是国际化的新生力量们所无法回避的。但这些先行者的尝试意义重大，因为当我们此刻再谈论中国企业国际化问题时，视角、高度和底气已经与从前大不相同。[①]

对此，长期致力于研究中国企业的国际化进程的埃森哲（Accenture，全球最大的管理咨询、信息技术和业务流程外包的跨国公司）大中华区董事总经理王波体会颇深。埃森哲在一份关于中国企业国际化的报告《行百

---

① 张邦松.中国企业国际化:行百里而半九十［N］.经济观察报,2011-12-03.

里,半九十:中国企业通往国际竞争力之路》中提出:全球化的前提是具备国际竞争力,唯有能在全球市场参与竞争,中国企业才能自立于世界优秀企业之林。[①]

这份报告将注意力集中在如何提高中国企业的国际竞争力上,并认为,"此时研究如何打造具有国际竞争力的中国企业有着特别的意义"。

报告认为,一个国际领先的或是一流的企业,首先应该是一个在国际市场上具有竞争力的企业。它的竞争力或来自于向市场提供的优秀产品和服务,或来自于为利益相关者创造的价值,或来自于企业持续的增长和盈利,或来自于它有影响力的品牌,或来自于企业的声誉,或来自于企业为保护环境、社会公正、慈善事业所做的贡献,等等。一个具有国际竞争力的企业要能够克服业务和经济周期的影响,不论其领导层怎样更替,都能以普遍认可的衡量标准,在业务增长、盈利能力和股东回报诸方面,持续和长期地超越同行。[②]

其实,埃森哲的报告并非首次提出这样的观点。2003年,时任高德纳咨询公司(Gartner Group,又译作顾能公司)亚太区副总裁罗宾·辛普森(Robin Simpson)在研究报告中曾经告诫中国电信制造企业:"仅仅靠国内市场,将来是危险的。因为将来不会有仅仅依靠区域市场存在的电信设备商,所有的电信设备商都必须是国际化的。"

因此,对于那些企业,特别是在改革开放中成长并继续开拓海外市场的中国企业而言,国际化对于其生存和发展都非常重要。因为在世界经济一体化的时代,中国企业不能龟缩在本土,必须开拓海外市场。跨国公司已经进军并正在蚕食中国市场,如果再不国际化,那么中国企业就可能会被困死在本土。在这个背景下,任正非将目光投向了海外。特别是当中国加入世界贸易组织后,中国企业不得不面对跨国公司的正面竞争,这样的

---

①② 埃森哲咨询报告. 行百里,半九十:中国企业通往国际竞争力之路[EB/OL]. (2014)[2015-04-20]. http://www.docin.com/p-683973649.html.

冲击无疑也加速了华为走向国际市场的进程。

　　早在 1995 年，任正非就开始着手华为的国际化。1995 年 11 月 16 日，在第四届国际电子通信展华为庆祝酒会上，任正非表示华为正在奋力开拓国际市场，努力扩展生存空间。当高德纳咨询公司提出所有的电信设备商都必须国际化时，任正非早已把华为的国际化问题提上了议事日程。

　　在《加强合作 走向世界》一文中，任正非清晰地表达了他对华为国际化的看法："在下一步的发展中，我们已制订了第二次创业规划，我们将在科研上瞄准世界上第一流的公司，用十年的时间实现国际接轨，这个目标我们分三步走，三年内在生产和管理上实现国际接轨，五年在营销上实现国际接轨，十年在科研上实现国际接轨。这里，我要说的是，我们所谓的营销国际化，不是在国外建几个工厂，把产品卖到国外去就够了，而是要拥有 5 到 6 个世界级的营销专家，培养 50 至 60 个指挥战役的'将军'，我们现在正在建设一个较大规模的工厂，厂房的长度是 300 米，宽度是 180 米，总面积达 13 万平方米。我们已投资 1000 万元人民币引进 MRP Ⅱ 的软件，这个管理软件通过我们一年到两年的消化和提高，将使我们的企业管理水平和生产管理水平达到国际水准。同时，投资 2.5 亿元，引进先进的加工生产设备，引进与研制相结合的各种调测设备。跨过这个世纪后，我们的工业产值将超过百亿元。"后来的事实证明了任正非的战略判断，这也充分体现了任正非这位军人企业领袖的前瞻性和战略眼光。

《华为公司基本法》与华为国际化

　　随着世界一体化的纵深发展，颇受争议的中国企业国际化备受关注。然而，对于中国企业的经营者来说，后 WTO 时代的竞争才真正开始，国际化问题再次成为中国企业家面临的一个棘手的问题，也成为当前世界的焦点问题。因此，对于中国企业来说，目前面临的不是要不要国际化的问题，而是如何国际化的问题。

早在 20 世纪 90 年代中期，华为开始启动拓展国际市场战略，主要以交换机和传输设备为突破点。1998 年，华为涉足接入网业务，任正非把中国市场的成功业务和产品投放到国际市场。刚开始，由于诸多因素的限制，华为在海外增长的速度比较缓慢，遇到了较多困难。

面对困难，任正非鼓励华为人："我们要泪洒五洲，汗流欧美亚非拉。你们这一去，也许就是千万里，也许 10 年、8 年，也许你们胸戴红花回家转。但我们不管你是否胸戴红花，我们会永远地想念你们，关心你们，信任你们，即使你们战败归来，我们仍美酒相迎，为你们梳理羽毛，为你们擦干汗和泪……"

其后，华为开启"盐碱地"开发战略，拒绝机会主义，迎来了实质性的突破：2002 年，华为在国际市场的收入达到 5.52 亿美元，2003 年则达到 10.5 亿美元，由此开启了国际化的高速上升通道。

1998 年，任正非在制定《华为公司基本法》时，就明确将"成为世界级领先企业"写进了《华为公司基本法》，再次表达了华为要走向国际的雄心。此时，任正非对于华为走向国际市场还带有强烈的民族情结。

任正非认为，华为必须执行大公司战略，13 亿人口的大国必须要有自己的通信制造产业。作为民族通信工业的一员，华为公司必须拼尽全力向前发展，争取进入国家大公司战略系列。当时很多研究者都认为，华为此举无疑是痴人说梦。那时，由于华为刚涉足国际市场，并没有很多亮点。

不过，让这些研究者们吃惊的是，1999 年，华为的海外业务收入已经占到总营业额的 4％了。2001 年中国电信运营商分拆，加上华为对小灵通业务的失误判断，此刻的华为面临着其发展过程中的一个重大困境。值得庆幸的是，华为海外业务的迅猛增长成为华为走出电信冬天的关键因素之一。

在《华为公司基本法》中，第一条就把"华为的追求是在电子信息领域实现顾客的梦想，并依靠点点滴滴、锲而不舍的艰苦追求，成为世界级领先企业，也就是成为世界一流的设备供应商"作为国际化的战略纲领。在经过近 20 年的国际化拓展后，华为设备制造商的身份依然没有得到很多国家的认可。这让华为开始修正其国际化战略。

时任华为市场营销和通讯负责人杰里·黄（Jerry Huang）介绍说："对我们来说，最大的挑战就是品牌意识。我们在不同地区策划了数个品牌意识活动，并且开始在社交媒体上建立品牌宣传，吸引了一定的本地消费者。同时从 2013 年起，公司将对公关和数字化部门进行重大投资。"

在杰里·黄看来，品牌构建依然是华为设备战略的四个关键核心之一。为了更好地提升华为作为设备制造商的知名度，华为也积极地在相关国家做推广。杰里介绍说："我们也在不同的国家间，寻求与扮演非运营商角色的渠道和电子商务公司合作。而非洲的渠道市场已经拥有我们的脚印，所以我们打算在那尝试更多的努力。"在这里，我们以华为在尼日利亚的拓展为例。

非洲市场的尼日利亚，华为将其作为其新开发产品如智能手机和平板电脑的主要市场，目标顾客群体主要定位在年收入少于 2000 美元的人群。

华为开拓非洲市场，一个最重要的原因是，非洲消费电子产品，如智能手机和平板电脑等产品市场发展较晚，与此同时，在非洲市场，尤其是在尼日利亚市场，中产阶级迅速崛起，其购买力较强。数据显示，在非洲 10 亿人口中，约一半的人都拥有手机。特别是在尼日利亚，拥有手机的人数高达 9000 万人。

这个广阔的市场空间成为华为证明自己的战场。2011 年，华为计划全球产品营销收入达到 60 亿美元，而 2010 年其营运收入是 45 亿美元。

手机经销商 Telecgsm 有限公司总监 Tolu Ojo 在接受媒体采访时坦言："大家都希望进入尼日利亚市场，如果华为 3 年前来到这里，它会面临更好的状况。"

据 Tolu Ojo 透露，它在 2011 年刚刚同华为签订代销售协议。众所周知，华为在亚欧市场上的开拓并不顺利，因此华为希望在合理价格的基础上,在尼日利亚能够开拓智能手机的新天地。2011 年 5 月,华为开始在尼日利亚市场销售限量版价格为 170 美元的智能手机,是市场上同类产品中价格最低的。①

2011 年 9 月,华为计划推出 100 美元的 Ideos 智能手机,同时展开 100 万美元的广告攻势,并计划在 2011 年年底将该产品推广到非洲大部分国家。当时的华为发言人称:"非洲市场为华为以及通信产业呈现出巨大的市场。"

华为通过调研发现,非洲民众通常是用智能手机来上网。在大多数非洲国家,网络普及率低于 10%,且大部分集中于大城市中。这就给华为的市场拓展提供了战略机遇。

而华为的竞争者——三星电子欧洲区高管 Paulo Ferreira 在接受媒体采访时这样评价非洲市场:"这里同成熟市场的区别就在于,非洲消费者连接网络的主要手段是通过移动设备。"

据公开数据显示,2011 年 5 月,非洲地区智能手机的使用率比 2011 年 2 月上升了 38%,智能手机的普及比预期的速度要更快。华为收到了 5 万台 Gaga 系列智能手机的订单,这是一款类似于 Ideos 的产品,同时还接到了南非 MTN 集团的类似订单。②

尽管华为在非洲这块"盐碱地"市场的拓展较为顺利,但是也面临着许多挑战,一方面是较弱的手机覆盖率、推广活动困难、政府审批效率低等,另一方面是面临着与三星、诺基亚、苹果、黑莓等知名品牌的竞争。③因此,华为要想真正地将非洲这块"盐碱地"市场改良成为沃土,还需要一段时间。

---

①②③ 楚慎. 华为开拓尼日利亚市场[EB/OL]. (2014-10-20)[2015-04-20]. http://news. cheari. com/2011/0916/13568. shtml.

"盐碱地"开发与华为国际化

在改革开放 30 多年的时间里,中国企业经营者慢慢地开启了国际化战略,这样的摸索确实需要一个过程,如同日本企业的国际化一样。由于日本资源匮乏,再加上自然灾害比较严重,走出国门就是一部分日本企业不得不做出的抉择。20 世纪 50 年代后,日本企业经历了 60 年代的出口导向阶段、70 年代的海外生产阶段、80 年代的全球化战略初级阶段、1990—2000 年的全球化发展阶段、2000 年以后的全球化发展新阶段 5 个阶段,按从销售活动到生产活动再到研究开发活动的顺序渐进式发展,各阶段的发展除受国际投资环境等外部因素影响外,还与企业经济和管理水平的发展密切相关。因此,国际化各阶段的目的、选择地区、手段以及投资特点有所不同。[①]

企业国际化的成果不是短期能体现出来的,并且还伴随着各种风险。所以需要将企业国际化体现在长期战略中,在企业中形成推进国际化的氛围。企业家的国际化志向对企业国际化影响很大,在任何情况下,企业家都要表现出坚定的国际化信念。从调查结果可以看到,成功的跨国企业在创业初期,经营者就具备国际化理念。[②]

日本企业积极推进国际化,主要有如下几个方面因素:

第一,贸易摩擦更加激化。国际收支数据显示,在 1986 年,日本贸易顺差增加到 827 亿美元,是 1976 年的 34 倍(1976 年日本贸易顺差为 24 亿美元),达到日本贸易顺差的历史最高水平。由于日本企业高附加值产品增强了国际竞争力,贸易摩擦涉及的领域进一步扩大。

---

① 马淑萍,亓长东. 日本企业国际化的经验研究[J]. 中国经济报告,2006(12).
② 日本企业国际化经验[J]. 中国企业家,2007(2).

　　第二，日元急剧升值。1985 年，五国财政部长会议在美国纽约广场饭店举行，并达成了"广场协议"。在该会议中，日元与美元的兑换比率上升到 140 日元（比升值前增加 40%）。而日元的大幅升值，使日本对外出口产品的成本飙升，在这样的背景下，一些日本企业就开始大规模的全球扩张，美国就是当时日本企业的一个重要目标地。

　　第三，日本企业国际化经营战略全面展开。由于日本企业经营者清楚地知道，日本本土市场很容易饱和，必须改变企业产品主要在日本生产、再出口的模式。为了更好地降低产品成本，在海外建立工厂的方法就被许多日本企业所采用。

　　由此可见，日本企业的国际化不是偶然发生的，主要还是基于当时的历史背景。日本企业的国际化的经验值得中国企业学习，今天的中国企业同样面临着日本当年的三个问题。时任罗兰贝格管理咨询公司大中华区副总裁康雁在"《哈佛商业评论》中文新刊（上海站）庆典"上表示："工商银行，离真正国际化的银行还差很远，但有的企业已经朝这个方向迈进，比如华为和海尔，它们在逐步地制订规则和标准。"

　　康雁的理由是："从各个硬的标准而言，中国企业离国际化的标准还差得太远，但很多力量正在积蓄当中。好在中国人有一点：非常谦虚。我们自古以来都有这样的美德：善于学习、善于突破自己，某种意义上善于否定自己。这种态度在全球化的环境当中是一个非常好的，能够蓄势待发的方面，这是我看到的希望，以及对中国长期有信心的一个理由。"

　　康雁对华为的评价还是较高的，因为华为的国际化战略模式已经初具雏形。在华为的国际化中，坚持先开发"盐碱地"，然后再一点一点地清洗和耕耘的路径。众所周知，不管是农耕时代还是机械化时代，农民都会选择土壤肥沃、水势较好的土地来耕作。通常像"盐碱地"这样的贫瘠耕地，农民是不会将其作为首要目标的。之所以不会选择"盐碱地"，不仅因为农作物的产量很小，还因为农民改造这样的土壤需要耗费大量的精力。

　　在企业市场的竞争中，这样的道理同样适用。在成熟市场，一些资金实力雄厚的跨国公司和本土企业往往看不上那些市场潜力较大但不成熟的市场。这就给华为的国际化创造了条件。

华为在国际化战略中，正是利用了开启"盐碱地"的"鸡肋战略"，为自身的生存和发展创造了条件。任正非曾在华为的财经变革项目规划汇报会上提到"盐碱地"的概念，所谓盐碱地，是指土壤里面所含的盐分影响到作物的正常生长，严重的盐碱土壤地区植物几乎不能生存。①

在任正非看来，华为的国际化发展路径就是在"盐碱地"上生存和发展起来的。公开资料显示，在很多市场，由于国际环境等诸多因素影响，辛勤耕耘却可能颗粒无收，这些地区和国家就被任正非形象地称为"盐碱地"。②

任正非的比喻是非常恰当的。在中国，华为的征战可以说是所向披靡，然而在国际化征程中，海外市场的拓展却举步维艰、异常艰难。

《华为公司基本法》起草参与者、中国人民大学教授吴春波说，同样是国际化，华为与联想、TCL等受挫于国际化的中国企业，最根本的不同在于"华为没有过度强调'跨文化'"。

吴春波说，从华为的管理哲学来看，"'跨文化'管理其实是一个伪命题——过度强调'跨文化'，其实是对作为一个现代企业本身存在的管理共性问题的漠视！"从华为的经验而言，在实现国际化之前，首先是管理体系与国际接轨："企业管理有一些共性的问题，要通过管理机制的提升来解决，而不仅仅是'文化'问题，也绝不只是引入一两个国际职业经理人的问题。""任总从1997年就开始呼唤从英雄走向团队、群体作战，才有了华为后续与海外对接的一套体制。所以中国企业的国际化，如果寄希望找海外高手来，就违背这个英雄主义的方向了。"

---

①②　中国企业家编辑部.任正非总结华为成功哲学:跳芭蕾的女孩都有一双粗腿[J].中国企业家,2014(10).

第九章　重金研发

在华为的研发之路上,任正非可谓是不惜重金。数据显示,2013 年,华为的研发投入为 330 亿元,2014 年的研发投入约 400 亿元;共计拥有专利 2.2 万项。同比之下,小米申请专利 1546 项,专利授权仅 12 项;苹果的研发投入也比华为少 10 亿美元以上。

在研发团队的大力支持下,华为的技术不断突破,业绩也屡创高峰。2015 年 1 月 13 日,华为 CFO 孟晚舟在经营业绩预发布会上透露,2014 年华为全球销售收入预计为 2870 亿～2890 亿元人民币(发布数据最终以 KPMG 审计为准),同比增长约 20%。在手机销售上,华为也突飞猛进,2014 年智能手机发货量将超 7500 万台,同比增幅大于 40%,保持全球第三的地位。

10 年研发投入 1880 亿元

2015 年 3 月,夜幕下荷兰最大的足球场——阿姆斯特丹球场,在 5 万多球迷涌入后顿时淹没在阵阵呐喊和助威声中,与之交相辉映的 "HUAWEI(华为)"的巨幅广告随处可见。作为该球场的赞助商,华为为荷兰构建了最大的 Wi-Fi 网络,可为 5 万多球迷提供免费无线网的接入。

华为的胜利,意味着"中国制造"成功地向"中国创造"转变、中国速度向中国质量转变、中国产品向中国品牌转变。当然,这个转变的背后是以华为在 170 多个国家和地区扎根为基础的。在全球排名前 50 位的电信运营商中,45 家与华为保持长期战略伙伴关系,全球 1/3 的人口在使用华为提供的网络和设备打电话、上网、与世界连接,享受低价优质的信息服务。

可能读者会问,华为是通过何种手段取得如此骄人业绩的呢? 答案是创新。对于任何一个企业来说,谁占领了技术和市场的制高点,谁就能够决胜未来。在当下的 4G 应用、5G 标准的制订上,中国企业不输于跨国企业,甚至处于领先的地位,成为"5G 技术的领跑者"。

任正非在内部讲话中曾说:"华为是在最热门的行业中与最强大的欧美霸主竞赛的。过去 10 年,华为的创新发展彻底颠覆了全球通信业的格局,在超越摩托罗拉、阿尔卡特、朗讯等强劲对手的道路上,华为不仅没有倒下,反而成为领跑者,登上了行业的珠峰。"

欧洲一家通信制造商的高管在一个非正式场合讲道:"过去 20 多年全球通信行业的最大事件是华为的意外崛起,华为以价格和技术的破坏性创新彻底颠覆了通信产业的传统格局,从而让世界绝大多数普通人都能享受到低价优质的信息服务。"

不管是任正非还是这位高管,都提到同一个词——创新。翻阅华为的资料,"创新"一词在华为的"管理词典"中并不多见;在任正非 20 多年来的上百次讲话、文章和华为的文件中,"创新"也很少被提及。在任正非看来,华为投入了世界最大的力量在创新,但华为反对盲目创新,反对为创新而创新,华为倡导的是有价值的创新。

华为副董事长胡厚崑在接受媒体采访时说:"华为无疑是 5G 技术的领跑者。华为起步于 6 年前,已取得了大量技术突破,这让华为在 5G 知识产权领域占据更有优势的地位。"

正是因为如此,华为才取得了突飞猛进的发展。对于华为这样的高科技企业来说,唯有创新才能生存和发展,才能赢得与思科和爱立信等通信巨头的竞争。

欧洲不仅是一个技术和市场高地,同时也是华为在国际化进程中开疆拓土的突破点。华为荷兰分公司 CEO 王德贤接受《光明日报》记者采访时说道:"华为摸索出了研发的'欧洲模式',构建了更加高效的科研体系,即依托当地优势资源,利用欧洲基础研究的先进成果、领先的人才技术,与当地公司、科研机构联合创新,将伦敦的全球财务风险控制中心、匈牙利的物流中心、德国的工程能力中心和意大利的微波中心等创新研发成果,转化成华为的解决方案,提供给全球客户。"

根据欧洲专利局近期公开的专利数据显示,2014 年收到专利申请274174 项,同比增长 3.1%,其中华为申请专利数 1600 项,增长 48.6%,在中国企业中排名首位,高于华为的竞争对手高通公司以 1459 项在美国企业中排名第一。[①]

华为能够在创新上取得突破,是因为巨额的投入。据华为首席财务官孟晚舟介绍说:"华为在专利上的领先,得益于公司在关键和前沿领域持续不断地投入和创新。过去 10 年间,华为研发投入累计达 1880 亿元,2014 年研发投入约 400 亿元,同比增长约 28%,占总销售收入的 13.9%。"

在孟晚舟看来,华为正是凭借巨额的研发投入,才取得了显著的创新成果。目前,在全球范围 4G 核心专利中,华为拥有数量占比达 25%,建设的 4G 网络数量世界第一。[②]

研发费用比例高

从都知道创新对企业发展的巨大作用,但是在实际的研发中往往投入

---

①② 郭丽君,严圣禾.华为:领跑者的创新底色[N].光明日报,2015-03-31.

不足。中国企业的这个严峻问题引起了时任中国企业评价协会副秘书长李春伟的重视。

在2008年中国企业自主创新评价报告发布会上，李春伟表示："我国企业的自主研发经费占销售收入比例的平均值仅为3.8％，发达国家的经验表明，研发经费的投入只有占到企业销售收入的5％以上，企业才有竞争力，占2％的企业只能够勉强生存，而1％的则很难生存。"

在"2008年中国企业自主创新 TOP 100"中，约20家企业的研发投入与销售收入的比例不足2％，仅有约40家企业的该比例超过5％。

中国企业评价协会研究专员冯陈晨在接受媒体采访时坦言，中国企业自主研发的经费投入的比例"太低了"。他说："TOP 100 企业尚只能达到如此水平，其他企业的情况可想而知。来看看几个跨国企业的研发投入水平：总部设在德国的化工业巨头拜耳公司，每年的研发投入与销售收入的比例都保持在7％以上；同样位于德国的电子电器类巨头西门子公司的研发投入与销售收入的比例也都保持在8％，有时甚至达到了10％以上。"

上述数据显示，中国企业与国外的创新企业相比，明显存在投入和研发不足等问题。很多中国企业依然倾向"轻技术，重销售"。在"2008年中国企业自主创新 TOP 100"中，100家企业的生产设备先进程度分布情况为：国际先进生产设备约占22％，国际一般生产设备约占17％，国内先进生产设备约占34％，国内一般生产设备约占21％，其他生产设备约占6％。①

随着中国企业上市步伐的加快，上市公司信息的披露也就越来越公开。一些上市公司为了提高其核心竞争力，必须投入资金研发新技术，而巨额的研发投入势必会影响公司现在和未来的业绩，这些上市公司披露的研发信息甚至左右着投资者的购买决策。

据2000—2006年公布的年度财务报告显示，中国上市公司的研发费

---

① 陶涛.企业自主研发经费仅占销售收入3.8％[N].中国青年报,2009-07-13.

用总体情况如下表所示。①

2000—2006 年上市公司研发费用披露情况

	2000	2001	2002	2003	2004	2005	2006	合计
A(农林牧渔业)	0	1	0	1	1	3	2	8
B(采掘业)	0	1	1	1	2	2	3	10
C(制造业)	40	51	83	98	109	123	129	633
D(电力、煤气及水的生产和供应业)	1	3	2	3	2	2	3	16
E(建筑业)	1	0	0	2	5	4	5	17
F(交通运输、仓储业)	0	0	0	0	1	1	1	3
G(信息技术业)	6	9	9	13	20	21	18	96
H(批发和零售贸易)	0	1	2	2	1	2	3	11
J(房地产业)	1	1	0	1	1	0	0	4
L(广播电影电视业)	1	0	0	0	0	0	1	2
M(综合类)	0	2	1	3	2	2	5	15
披露公司数	50	69	98	124	144	160	170	815
上市公司数	572	646	715	780	837	834	842	5226
披露比例	8.74%	10.68%	13.71%	15.90%	17.20%	19.18%	20.19%	15.60%
制造业比例	78.43%	72.86%	83.84%	77.78%	74.66%	75.93%	75.00%	77.67%
信息技术业比例	11.76%	12.86%	9.09%	11.11%	14.38%	13.58%	11.05%	11.78%
增长比率	1.00	1.22	1.57	1.82	1.97	2.19	2.31	—

---

① 侯晓红,干巧.我国上市公司研发费用披露现状分析及对策[J].工业技术经济,2009(2).

　　从上表中可以看出,2000—2006 年,上市公司各年度披露的研发费用在逐年上升:在 2000 年,披露研发费用的上市公司数量只有 50 家,但是到了 2006 年,这一数量上升到了 170 家。从披露研发费用的公司数占上市公司数的比例来看,2000 年占总数的 8.74％;2001 年占总数的 10.68％;2005 年占总数的 19.18％;2006 年则达到 20.19％。以各年度披露研发费用的公司增长比率来看,2001 为 1.22 倍;2002 年为 1.57 倍;2005 年为 2.19 倍;2006 年则为 2.31 倍。

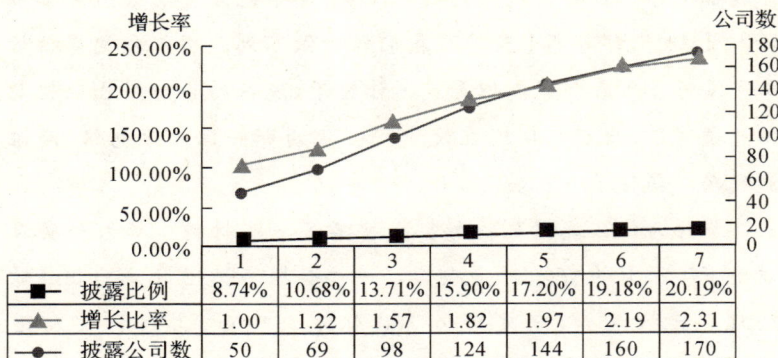

	1	2	3	4	5	6	7
披露比例	8.74%	10.68%	13.71%	15.90%	17.20%	19.18%	20.19%
增长比率	1.00	1.22	1.57	1.82	1.97	2.19	2.31
披露公司数	50	69	98	124	144	160	170

中国企业研发费用披露趋势

　　上图直观地反映出 2000—2006 年中国企业研发费用披露呈现上升的趋势,而披露的公司占上市公司的比例(披露比例)也不断增长。[①]

　　2013 年 12 月 25 日在北京举行的第十三届中国经济论坛上,中国经济论坛专家、国家能源局原局长张国宝在演讲中这样介绍华为的成功之道:

　　　　我再讲两个故事。一个就是华为。华为任正非、孙亚芳他们几个人创业的时候,我就认识他们,华为一直走到现在,很了不起。早年的

---

　　①　侯晓红,干巧.我国上市公司研发费用披露现状分析及对策[J].工业技术经济,2009(2).

时候,刚改革开放时,我和一些领导人出访到了一些国家,我和赵东晚(音)同志,(我)陪他到日本去看数字交换机,叫模拟式交换机,日本人淘汰下来的。那时候华为刚开始有几个人创业,我们到了加拿大去参观北方电信,在美国和加拿大的边境上有一片风景优美的风景区,有湖泊,生活条件非常好。有4000个研发人员,其中也不乏在美国、加拿大留学后留在那里工作的中国人。当时我一看,心基本上凉了,我认为在中国,我这辈子可能都看不到能赶上人家的希望。首先硬件条件我都没办法提供给我们的研发人员,那个地方能够吸引那么多的科研人员,我们哪有那个条件?我们暂时做不到。所以我觉得估计我这辈子没有多大希望了。但是我预计错了,现在的华为早已经把北方电信竞争过了,北方电信现在没了。当年的那一批北方电信、网讯等企业现在很弱势了。

华为为什么能做到这样?我搜集了一些材料。华为确实在创新方面下了很大的功夫,我也搜集了一些数据。2012年华为销售收入是2201亿元人民币,研发费为300亿元人民币,占销售收入比值为13.7%。一般讲国际上企业如果能拿出3%的销售收入来搞研发就不错了,5%的话更好了,说明你重视研发。但是华为的研发费用比例高达13.7%,这在一般的工业企业当中可以说非常少。同时华为也认识到自有知识产权技术的重要性,开展了专利技术战略,他们老跟人打官司,大家都知道,原来思科在路由器上跟人打了一场官司,最后庭外和解,但是这个问题没有得到根本解决。他们意识到了自有技术的重要性,所以就开展了专利技术战略。到了2012年年底,华为累计申请专利41948件,其中在外国申请的专利是14494件,累计获得专利授权30240件。所以正是由于高强度的创新投入,华为才能够成长为一个世界瞩目的高技术公司,但是它可能还有别的一些因素,但是我认为创新肯定是非常重要的。因为华为并不是很寄希望于政府的支持。

作为中国经济论坛专家、国家能源局原局长，张国宝如此大篇幅地介绍华为，足以说明华为创新的巨大作用。

2015年3月23日公布的《中共中央 国务院关于深化体制机制改革加快实施创新驱动发展战略的若干意见》中指出，"创新是推动一个国家和民族向前发展的重要力量"。

虽然华为因为高额的投入研发取得了较为出色的业绩，那么中国的一些企业为什么对研发投入如此吝啬呢？

这主要源于这些中国企业在经营中只把创新当作口号，而不脚踏实地执行。的确，在中国由计划经济向市场经济转型的过程中，由于存在巨额的市场需求，产品供不应求，在这样的背景下，创新就显得没有必要，因为只要把产品生产出来，就已经有了购买者。

然而，经过30多年的改革开放，原有的供给体系被市场需求所代替，再加上中国政府对知识产权的保护，原来盲目跟风仿制的做法渐渐地退出市场，触发了哀鸿遍野的倒闭潮。

数据显示，2008年上半年，有6.7万家规模以上的中小企业倒闭——是什么原因导致了这些中小企业倒闭呢？可能有的读者认为是原材料价格上涨、劳动力成本提高、加工贸易政策大幅收紧、出口退税率不断下调、人民币持续升值等诸多因素；也可能有读者认为，中小企业缺乏可持续性战略从而导致了倒闭；还可能有读者认为，是国外贸易保护严重，出口型中小企业拿不到订单，或国外购买力贫乏所导致的倒闭。

在金融危机的影响下，宏观经济环境趋紧确实是导致中小企业倒闭，特别是长三角企业出现"异常倒闭"现象的一个重要原因，但是经过我们几年的研究分析，最核心的原因还是企业"拍脑袋决策"，缺乏创新意识。在宁波慈溪，完全靠低价来做市场的冰箱制造行业就是其中的一个典型代表。

慈溪的区位和交通优势十分明显——东离宁波60公里，北距上海 148 公里,西至杭州 138 公里,是长江三角洲经济圈南翼环杭州湾地区上海、杭州、宁波三大经济金三角的中心。

如此优越的地理条件无疑给制造业提供了良好的的商业条件。在 21 世纪初,慈溪就被誉为中国三大家电制造基地。

在 2008 年金融危机爆发前,特别是 2000—2007 年,中国企业借着中国经济发展的东风,可以说是如鱼得水。具有敏锐市场的浙江慈溪企业老板绝不会错过这样的市场机会。从 2005 年开始,很多慈溪企业老板就开始投资建厂生产冰箱。

然而,慈溪企业老板只顾着赚钱,却不会过多地考虑企业的长远发展。在 2007 年,一位老板在饭桌上谈着谈着,就当场拍板进军冰箱产业。

据媒体报道,这个老板原来是养兔子的。

连养兔子的老板都要生产冰箱确实让人大跌眼镜,最让人担心的是,这些投身冰箱行业的企业老板都是"门外汉",从来没有涉足过家电产业,他们为什么要都投身冰箱制造行业? 据媒体披露,这些老板认为,冰箱制造是当时最赚钱的行业。

从宁波慈溪市经济发展局曾经公开的数据可以印证媒体的观点:慈溪冰箱 2007 年的产量突破了 500 万台,到 2007 年年底,慈溪从事冰箱生产的企业约有 50 家,设备投资超过 1 亿元。在 2007 年,还有 10 余家企业老板有涉足该领域的意向。

在慈溪,有媒体曾用"异军突起"来形容当时许多企业投资冰箱行业的勇敢与冲动,然而,这股冲动在 2008 年画上了休止符。在 2008 年的金融危机中,接到订单的冰箱生产企业不超过 10 家。

在宁波慈溪,连养兔子的企业老板都敢进入冰箱制造业,从中我们不难看出,中国企业经营者的鲁莽和缺乏远见,一个少则百万元、多则千万元乃至上亿元的投资项目,在饭桌上谈着谈着就拍板了。这样缺乏系统研发和创新的企业,倒闭其实也是迟早的事情。

拥有自主知识产权才能解决国际专利诉讼

事实证明,要想在与跨国公司的较量中赢得竞争,就必须拥有自主知识产权和核心技术,这是企业立足于企业丛林的根本。

在中国,因为没有重视和保护自主知识产权,有些技术被国外企业占据,而中国也为此支付了昂贵的代价。

任正非在《华为公司的核心价值观》一文中就举例说,20世纪50年代,中国科学院的吴仲华提出了叶轮三元流动理论,西方国家利用这个理论发明了喷气涡轮风扇发动机。邓小平同志20世纪70代到英国引进罗尔斯·罗伊斯发动机生产的时候,英国向我国转让了此项技术。邓小平同志站起来感谢英国对中国的支持,结果英国的科学家全都站起来向邓小平致敬,因为这项技术的发明者是中国人。邓小平回国后找到吴仲华,才知道这个人还在五七干校养猪。这个理论来自中国,但我们并没有重视申请专利。如果申请了专利的话,我们中国在航空发动机方面就会有一席之地。

任正非还举例说,1958年,上海邮电一所就提出了蜂窝无线通信,就是现在无线移动通信技术的基础,但也没有申请专利。因为那时中国连收音机都没有普及,不会理解这项发明的巨大意义,也不会想到移动网络在今天会在全世界普及。[1]

要想赢得竞争,就必须重视自主知识产权和核心技术的研发和保护。然而,任正非所担心的事情依然在诸多中国企业上演。据统计,2000年我国企业研发经费支出仅为537亿元,到2005年已增长到1674亿元,年均增长42%;2000年国内企业获得职务发明专利授权仅占国内职务发明授权

---

[1] 任正非.华为公司的核心价值观[EB/OL].(2005-05-24)[2015-04-20].http://www.southcn.com/nflr/fdbg/200505240301.htm.

总数的 28％,2005 年已提高到 52％。但从总体上看,我国企业的技术创新能力还比较薄弱,远未成为技术创新的主体。2005 年我国大中型工业企业研发投入强度仅为 0.76％,开展科技活动的仅为 38.7％,有研发机构的仅占全部企业的 23.7％。国内拥有自主知识产权核心技术的企业仅为 0.3‰,98.6％的企业没有申请专利。①

在这组数据中,一个令人吃惊的问题是,在 21 世纪的今天,居然还有 98.6％的企业没有申请专利,这势必会影响中国企业国际化市场的开拓。

近几年,中国企业屡屡遭受来自海外企业的专利诉讼,就足以印证这个事实。在当今全球化的竞争环境下,企业技术创新能力不仅直接关系到企业在国际产业分工体系中的地位,而且也影响企业的生存和发展。近年来,我国对外贸易发展迅速,但许多产品和产业仍未能摆脱以廉取胜、以量取胜的传统模式。DVD 行业、手机行业、电视机行业等相继出现的对外贸易困局,表面上看是外国政府和企业联手打压的结果,但本质上还在于我国企业缺乏技术创新能力,缺乏自主知识产权。

有数据表明,中国 DVD 的生产量占到世界的 70％,但是出口一台价格 29 美元的 DVD 机,要向外国公司交纳 12～15 美元的专利费;贴牌生产手机的专利费约占到售价的 20％。由于缺乏开发新产品、开拓新市场的技术能力,许多企业难以摆脱降低成本、降低价格的恶性竞争局面。能否尽快实现从低附加值的加工组装环节,向高附加值的研发设计、品牌经营、供应链管理等环节转型,已经成为中国众多产业和企业生死存亡的关键。② 因此,对于任何一个企业而言,只有拥有自主的核心技术,才能在竞争中赢得主动。

① 徐冠华.徐冠华在创新型企业试点工作会议上的讲话[N].科技日报,2007-02-27.
② 徐冠华.徐冠华在创新型企业试点工作会议上的讲话[N].科技日报,2007-02-27.

第十章　变革与自我批判

对于任何一个企业来说,在发展和壮大的过程中都会面临一系列的经营难题和困境。为了让这些难题和困境得以化解,应客观地分析企业存在的问题,并在此基础之上进行自我批评,然后再进行有针对性的变革,使之激活组织的发展潜力。

这样的问题,在华为当然也同样存在。华为为了激活发展和生存的潜力,把自我批判始终坚持建立在灰度理论基础上,详细的规定有如下五条:第一是不搞人人过关,不发动群众。第二是更多地自我批判,不要批判别人。第三是强调一个"真"字,要实事求是。第四是不无限上纲、无情打击,把握适度原则。第五是将善意与建设性作为大前提。① 从上述五点不难看出,华为的变革与自我批判更加客观和容易实现,因为变革与自我批判往往容易触及某些既得利益者,容易导致他们拒绝变革与自我批判。

---

① 田涛. 华为如何进行自我批判?[EB/OL]. (2013-07-19)[2015-04-20]. http://tech. sina. com. cn/t/2013-07-19/13168556033. shtml.

华为的镜子精神

在任正非多次讲话中,毛泽东的战略思想无处不在。的确,熟读《毛泽东选集》的任正非把毛泽东思想用到了经营管理上。比如"批评和自我批评"。毛泽东在中国共产党全国宣传工作会议上的讲话上强调:"共产党是不怕批评的,因为我们是马克思主义者,真理是在我们方面,工农基本群众是在我们方面。"

在任何一个组织的发展中,要想避免盛极而衰,就必须接受批评和自我批评。唐太宗李世民重用人才,能采纳大臣们的直谏,甚至是批评的意见。李世民常用镜子比喻直谏的大臣,以此自省。唐太宗在位 23 年间,大唐国泰民安,社会安定,经济发展繁荣,为后来的开元盛世奠定了重要的基础,后人称他的统治为"贞观之治"。

大臣魏征死后,唐太宗在悼念他时说:"人以铜为镜,可以正衣冠,以古为镜,可以见兴替(盛衰得失),以人为镜,可以知得失;魏征没,朕亡一镜矣。"

批评和自我批评不仅体现在帝国的治理上,在佛家修行上,也同样有记载。唐代高僧,禅宗五祖弘忍之弟子,北宗禅创始人神秀有一首著名的偈语:"身是菩提树,心如明镜台,时时勤拂拭,勿使惹尘埃。"

上述故事分别阐述了以史为鉴、以心为鉴在治理国家和参禅悟道之中的作用。在任正非看来,华为要想成功地生存和发展下去,同样需要批评和自我批评的镜子精神。华为的镜子是什么?就是华为的核心价值观。华为正是用核心价值观这面镜子,不断地去寻找自己的差距和问题,也就是自我批判。这种长期的自我批判,使华为的核心价值观常拭常清,正是这样的自我批评,确保了华为这棵巨型大树枝繁叶茂。①

众所周知,尽管华为发展迅猛,但是任正非却一直保持清醒的头脑,通过自我批判来统一思想和进攻节奏,构筑了独特的自洁机制,形成了"以客户为中心,以奋斗者为本,长期坚持艰苦奋斗的核心价值观"。华为的内部会议强调"惶者生存",恐惧推动着自我批判。任正非时常告诫华为人:

> 我们公司走到今天,已经有8年的历史,我们是否有"惶者生存"的思维?我们的"镜子"是什么?我们是否在经常地自我批判?坦率地说,我们这8年,一路走来很不容易,是在一个很低的起点上起步的,是在创新的过程中发展的,在一个相对狭小的市场范围内也取得了骄人的业绩。但是,我们前进中的问题也不少。这几年,我们也试图进行自我批判,如2008年我们进行了一次全面的制度整顿,加强了制度建设,整改了存在的问题。2012年我们进行了一次公司上下的"大讨论",期望通过这次"大讨论"达到总结经验,查找问题,创新发展思路,提升企业文化的目的;在当前复杂多变的经济形势下,审时度势,不断地调整我们的发展思路,趋利避害,控制风险;通过"大讨论"查找公司在管理机制、班子建设等方面的问题。这两次自我批判取得了一定的效果,但与华为公司的自我批判精神相比较,我们"镜子"的内涵还不是很清晰,我们的自我批判精神还不够犀利、透彻,自我批判的主攻点还不够集中。

尽管华为在自我批评中规范和完善了管理,促进了公司的发展,但在任正非看来,华为的自我批判精神还不够犀利、透彻,这样的管理思想值得中国企业经营者深入思考和反省。

---

① 解读任正非的管理哲学[EB/OL].[2015-04-20]. http://www.docin.com/p-911251349.html.

华为变革与企业生命周期

在中国改革开放 30 多年以来,一批民营企业不断地崛起、发展、壮大,有的甚至成为世界 500 强企业。然而,在这些民营企业成长的背后无疑充满刀光剑影的市场竞争,其惨烈程度不亚于真实的战争,成千上万的民营企业在这一场又一场的血雨腥风中被淘汰出局,消失得无影无踪。

我们的团队经过多年的跟踪研究后发现,很多企业的倒下并非是因为外部竞争,而是内部纷争,其中最大的问题就是论资排辈、荣辱"难"共、毁誉相争、权益不公。但是就目前的状况而言,成千上万的中小家族企业的优势依然非常明显。但是一旦当家族企业达到一定规模,特别是做大、做强之后,内部隐藏的种种问题也就暴露了出来。

在领导华为发展壮大的过程中,任正非看到了这些问题。当华为面临员工疲劳、缺乏工作激情这个挑战时,华为的管理变革也由此拉开序幕。在华为顾问田涛看来,一个人保持阶段性的活力、激情是容易做到的,一个组织保持两三年甚至五年的活力也是相对容易的。但是,如何持久地保持激情与活力,是所有的组织领袖们都要面临的难题。

当然,导致企业过早衰退的还有一个原因,就是员工疲劳了。田涛分析认为,一个新员工刚加盟某企业时,其态度都是积极向上的。如单位八点上班,新员工一般都是七点半就到单位,晚上下班以后,新员工还照样在单位加班。

当一名新员工变成老员工时,就容易缺乏当初刚进企业时的工作激情。若马群中有一匹马从战马变成懒马、病马时,整个马群都会出现类似于传染病一般的普遍惰怠与散漫,其后果是非常严重的。

在任正非看来,一个企业运作时间长了,员工会自动产生懒惰之情,因此,要不断地改良、变革,但变革与自我批判一样,不能暴风骤雨式地肆虐侵袭,而应春雨润物,无声地渗透。①

　　不管是生理学家还是马克思,都在强调生命周期。其实,作为一个组织,其生命周期同样存在。这些组织创建时,大都生机勃勃,然而渐渐地,各种病症随之而来,不断地腐蚀、侵蚀组织。

　　对此,美国管理学家伊查克·爱迪斯(Ichak Adizes)曾经花费 20 多年的时间来研究企业是如何发展、老化和衰亡的。在《企业生命周期》一书中,伊查克·爱迪斯把企业生命周期分为十个阶段,即:孕育期、婴儿期、学步期、青春期、壮年期、稳定期、贵族期、官僚化早期、官僚期、死亡,见下图。

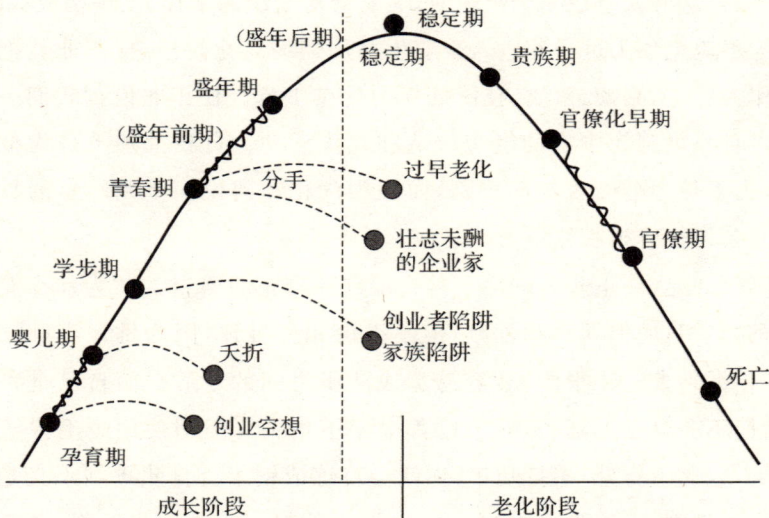

企业生命周期示意图

　　用爱迪斯这个类似山峰轮廓的企业生命周期曲线来衡量,有的企业可以在这条曲线上延续几十年甚至上百年。然而,大部分企业都没能走完这条曲线,仅仅存在了几年、十几年,甚至有的还在成长期就夭折了。

――――――

　　①　中国企业家编辑部.任正非总结华为成功哲学:跳芭蕾的女孩都有一双粗腿[J].中国企业家,2014(10).

在爱迪斯看来,企业成长中会遇到许多陷阱,没能跳过去就会夭折。很多企业面临的最大问题是"第二次或第三次创业"的陷阱,尤其是民营企业。这时企业基本上已经发展起来了,将要从创业型转为管理型,会有较大的发展变化。爱迪斯指出的创办人或家族陷阱,也正是民企关心的如何超越家族制的问题。这是企业最危险的一个陷阱。①

其实,企业组织生命周期理论不仅存在于企业中,也存在于任何组织中。事实证明,对于任何一个组织的衰落而言,其病症的根源都在于人性。很多西方组织管理学家都认为,人类与生俱来就存在自私、懒惰、贪婪等诸多弱点,当这群人组成一个组织时,无疑会对组织的生存、发展构成威胁。

为了避免华为过早地进入企业生命周期的老化阶段,任正非就把自我批判作为思想、品德、素质、技能创新的优良工具。任正非说:"我们一定要推行以自我批判为中心的组织改造和优化活动。自我批判不是为批判而批判,也不是为全面否定而批判,而是为优化和建设而批判。总的目标是要提升公司整体核心竞争力。"

不仅如此,任正非还解释了自我批判的真正战略目的:"为什么要强调自我批判?我们倡导自我批判,但不提倡相互批评,因为批评不好把握适度,如果批判火药味很浓,就容易造成队伍之间的矛盾。而自己批判自己呢,人们不会自己下猛力,对自己都会手下留情。但即使用鸡毛掸子轻轻打一下,也比不打好,多打几年,你就会百炼成钢了。自我批判不光是个人进行自我批判,组织也要对自己进行自我批判。通过自我批判,各级骨干要努力塑造自己,使企业逐步走向职业化、走向国际化。公司认为自我批判是个人进步的好方法,还不能掌握这个武器的员工,希望各级部门不要对他们再提拔了。两年后,还不能掌握和使用这个武器的干部要降低使用率。在职在位的干部要奋斗不息、进取不止。"

---

① ［美］伊查克·爱迪斯. 企业生命周期［M］. 北京:中国社会科学出版社,1997: 17—96.

华为的"组织黑洞"

众所周知,在中国众多中小企业经营者队伍当中,管理非常强势甚至是专制独裁,有点刚愎自用的企业经营者举不胜举。

不可否认的是,在不稳定的经营环境中,或者在中小企业创建初始阶段,经营者的强势管理甚至是专制独裁的领导风格能够发挥一定的作用。

这样的领导风格不仅可以大大地降低中小企业内部的管理成本,还可以为中小企业提供一个能够大刀阔斧做出经营决策的经营环境,从而高效地促进了中小企业的快速发展。

当然,任何一个事情都有两面性。中小企业一旦发展到了一定的规模,特别是进入成长、成熟期之后,就需要经营者按照现代企业制度来进行管理。

在华为的发展过程中,这个问题同样困扰着任正非。1998 年,华为成为中国最大的通信设备制造商。此刻,任正非已经意识到,华为规模的快速膨胀同时意味着华为也面临着空前的危机和压力。

在颇具危机意识的任正非看来,当时的华为"取得产品技术突破后,不仅不能打遍全世界,而且在家门口也未必有优势。现在是有机会也抓不住,最多在中国非主流市场上打了一个小胜仗"。

任正非的忧虑是正确的。跨国企业不仅拥有完善的制度化的管理,同时资金和技术实力都较为雄厚。华为要想与之竞争并赢得胜利,制度化管理就是一条不得不迈过的门槛。

华为开展了轰轰烈烈的变革与自我批判,这场运动源于华为这个组织内出现的"山头"、腐败与惰怠等状况。

在"山头"、腐败与惰怠问题中,较为严重的是领袖疲劳征,即管理者疲劳症。华为顾问田涛把组织的惰怠现象称作"组织黑洞"。在田涛看来,华为要想基业长青，就必须远离"黑洞"，通过强健组织的正能量来战胜"暗能量"。

企业家原意是指"冒险事业的经营者或组织者"。在现代企业中，企业家大体分为两类：一类是企业所有者企业家，作为所有者他们仍从事企业的经营管理工作；另一类是受雇于所有者的职业企业家。在更多的情况下，企业家仅指第一种类型，而把第二种类型称作职业经理人。[①]

从定义可以看出，企业家是一群永远富于冒险的经营管理者。在当下中国的创业企业中，最缺乏的就是企业家精神，具体表现如下：(1)冒险精神；(2)永不懈怠的、持续的冒险精神。因此，组织的领袖是否能够保持持续的激情与活力和持续的奋斗精神，才是一个组织存活的关键。但是光有这个关键还不行，还必须点燃起整个组织中成员的持续的梦想和激情。[②]

其次是"山头"主义。在任何一个组织中，都不同程度地存在着"山头"、派别问题。要想组织健康地发展，就必须进行变革。大多数的改革都会围绕铲除"山头"这个方向来进行。

为了激活干部的工作激情，消除山头主义，任正非坚持把"凡是不能使用自我批判这个武器的干部都不能提拔"作为一个标准。任正非说道：

> 干部要有敬业精神、献身精神、责任心、使命感。我们对普通员工不作献身精神要求，他们应该对自己付出的劳动取得合理报酬。只对有献身精神的员工作要求，将他们培养成干部。另外，我们对高级干部实行严要求，不对一般干部实施严要求。因为都实施严要求，我们管理成本就太高了。因为管他也要花钱的呀，不打粮食的事我们要少干。因此我们对不同级别的干部有不同的要求，凡是不能使用自我批

---

① 牟家和，王国宇.亚洲华人企业家传奇[M].北京：新世界出版社，2010：11—22.

② 田涛.华为如何进行自我批判？[EB/OL].(2013-07-19)[2015-04-20].http://tech.sina.com.cn/t/2013-07-19/13168556033.shtml.

判这个武器的干部都不能提拔。

　　自我批判从高级干部开始,高级干部每年都有民主生活会,民主生活会上提的问题是非常尖锐的。有人听了以后认为公司内部斗争真激烈,你看他们说起问题来很尖锐,但是说完他们不又握着手打仗去了吗? 我希望这种精神一直能往下传,下面也要有民主生活会,一定要相互提意见,相互提意见时一定要和风细雨。我认为,批评别人应该是请客吃饭,应该是绘画、绣花,要温良恭让。一定不要把内部的民主生活会变成了有火药味的会议,高级干部尖锐一些,是他们素质高,越到基层应越温和。事情不能指望一次说完,一年不行,两年也可以,三年进步也不迟。我希望各级干部在组织自我批判的民主生活会议上,千万要把握尺度。我认为人是怕痛的,太痛了也不太好,像绘画、绣花一样,细细致致地帮人家分析他的缺点,提出改进措施来,和风细雨式最好。

　　在华为发展早期的十多年中,“山头”主义问题曾经非常严重。当然,这主要与华为早期的创业情况有关。在创建之初,华为的创业资本仅仅只有 2 万元,员工不足 10 个,其主要业务是倒卖交换机。在这样的背景下,活下去是华为当时的唯一使命。华为活下来的关键,就是靠员工为华为拿到合同,即谁能拿到救命钱,谁能为公司带来产品,谁就是华为的英雄。

　　华为的初创阶段可以说是中国民营企业的缩影。在原始积累阶段,企业的发展和壮大都是在个人英雄主义下进行的。华为也不例外,个人英雄主义给华为带来了高速发展。

　　经过 10 年发展,当华为超越了中国所有对手——巨大中华、巨龙、大唐、中兴,成为中国通信业的冠军企业时,带给任正非的却是反思和探索。

　　在很多初创企业中,创始人、合伙人和员工共患难、求发展时,可以说是上下一心,凝聚力较强。当企业发展到一定规模,特别是盈利后,英雄们所衍生出的欲望、野心和利益集团之间的贪婪的诉求,常常会把组织撕裂,把组织的团队精神、凝聚力打散了。①

在《一江春水向东流》一文中，任正非谈道："到 1997 年后，公司内部的思想混乱，主义林立，各路诸侯都显示出他们的实力，公司往何处去，不得要领。"

在这样的背景下，任正非请来中国人民大学的教授们一起讨论"基本法"，集中起大家发散的思维。经过几轮讨论，不知不觉中混乱的"春秋战国"时期就无声无息过去了。

再次是腐败。在人类所有组织中，腐败问题一直困扰着每一个领导者。不仅国家存在腐败，社会组织也同样存在，特别是一个以财富的增长为核心目标的营利性组织——企业中，腐败问题尤为严重。在华为，腐败问题也存在，据田涛提供的数据，"华为历史上这种问题也不少，比如关联交易，每年的销售额，十年前也是五六百亿元人民币，五六百亿元人民币要靠大量的供应商支撑的。这里面当然就会产生关联交易问题。2006 年，在马尔代夫的一家度假酒店，公司召开了一次高层会议，专门讨论清理关联交易。从任正非开始，所有公司高层跟华为有关联交易的亲戚朋友的公司全部进行清理。在此基础上进行从上到下的干部廉政宣誓活动，从此这个事情就坚持下来了。今天还有没有？我相信现在少多了，但是，关键还需在制度上解决问题"。②

为了解决腐败问题，华为专门设立了一个审计部门，上至任正非，下至每一个一线员工，所有报销单都必须经过审计。据说，任正非有一次去日本出差，把在酒店洗衣服的费用也填到报销单里，后来被审计部门查出来了。审计部门的经理找任正非"谈话"，不仅要任正非退回报销的洗衣费，还得写检讨。

华为规定，所有人在乘坐飞机时，都不能坐头等舱，尽管任正非已年过

---

①② 田涛. 华为如何进行自我批判？［EB/OL］.（2013-07-19）［2015-04-20］. http://tech.sina.com.cn/t/2013-07-19/13168556033.shtml.

七旬了。只要任正非坐头等舱，他就要自己把多出的费用给补上。所以，任正非每出一次国，就得"补"一次。

在华为的三个黑洞中，田涛直言，华为其实最最可怕的不是腐败和"山头"问题，而是惰怠，是组织疲劳。历史是最可怕的敌人，一个人青少年时期生机勃勃，即使犯了错误也有机会弥补，一个组织也是如此，早期可以在失败中找到成功的路径。但发展到一定阶段，当这个组织有了一定的历史，就开始慢慢变得僵化起来。控制多一点儿还是控制少一点儿，常常是一个无解的问题。①

因此，任正非为了根除华为存在的黑洞，在变革时，强调华为人面对变革要有一颗平常心，要有承受变革的心理素质。在华为的内部讲话中，任正非告诫华为人：

> 我们要以正确的心态面对变革。什么是变革？就是利益的重新分配。利益重新分配是大事，不是小事。这时候必须有一个强有力的管理机构，才能进行利益的重新分配，改革才能运行。在改革的过程中，从利益分配的旧平衡逐步走向新的利益分配平衡。这种平衡的循环过程，是促使企业核心竞争力提升与效益增长的必须。但利益分配永远是不平衡的。我们在进行岗位变革也是有利益重新分配的，比如大方丈变成了小方丈，你的庙被拆除了。不管叫什么，都要有一个正确的心态来对待。如果没有一个正确的心态，我们的改革是不可能成功的，不可能被接受的。特别是随着IT体系的逐步建成，以前的多层行政传递与管理的体系将更加扁平化。伴随中间层的消失，一大批干部将成为富余，各大部门要将富余的干部及时输送至新的工作岗位上去，及时地疏导，才会避免以后的过度裁员。我在美国时，在和IBM、

---

① 田涛．华为如何进行自我批判？［EB/OL］．(2013-07-19)［2015-04-20］．http://tech. sina. com. cn/t/2013-07-19/13168556033. shtml.

Cisco、Lucent 等几个大公司领导讨论问题时谈到，IT 是什么？他们说，IT 就是裁员、裁员、再裁员。以电子流来替代人工的操作，以降低运作成本，增强企业竞争力。我们也将面临这个问题。伴随着 IPD、ISC、财务四统一、支撑 IT 的网络等逐步铺开和建立，中间层消失。我们预计我们大量裁掉干部的时间大约在 2003 年或 2004 年。

今天要看到这个局面，我们现在正在扩张，还有许多新岗位，大家要赶快去占领这些新岗位，以免被裁掉。不管是对干部还是普通员工，裁员都是不可避免的。我们从来没有承诺过，像日本一样执行终身雇佣制。我们公司从创建开始就强调来去自由。内部流动是很重要的，当然这个流动有升有降，只要公司的核心竞争力提升了，个人的升、降又何妨呢？"不以物喜，不以己悲"。因此今天来说，我们各级部门真正关怀干部，就不是保住他，而是要疏导他，疏导出去。

第十一章　均衡发展

　　研究分析发现,自 2001 年开始,在任正非总结的华为发展的"十大管理要点"中,无论国内外市场环境如何变化,一直将"坚持均衡发展"放在第一条。这样的坚持足见任正非以均衡为核心的经营管理思想,足以说明"坚持均衡发展"在华为战略中的重要性。

　　事实上,均衡是企业经营中最高的管理哲学。任正非认为,介于黑与白之间的灰度是十分难掌握的,并把均衡战略作为华为长期坚守的核心价值观——"均衡就是生产力的最有效形态","继续坚持均衡的发展思想,推进各项工作的改革和改良。均衡就是生产力的最有效形态。通过持之以恒的改进,不断地增强组织活力,提高企业的整体竞争力,以及不断地提高人均效率"。

　　华为把均衡思想作为长期坚守的核心价值观,是因为华为 20 多年的成长与发展就是建立在动态地实现功与利、经营与管理的均衡基础之上的,通过持续不断地改进、改良与改善,华为不断强化与提升经营管理能力,走上了一条良性发展之路。华为的成功也再次说明,均衡管理是企业真正的核心竞争力。①

---

　　①　吴春波. 任正非间于"黑""白"之间的灰度管理哲学[N]. 中国经营报,2010-10-27.

均衡发展就是抓最短的一块木板

在很多论坛上,一个熟知的理论常被企业家们提及——水桶理论。水桶理论是指一只水桶若想盛满水,必须每块木板都一样高且无破损,如果这只桶的木板中有一块不够高或者有破洞,就无法盛满水。

一只水桶能盛多少水,并不取决于最长的那块木板,而是取决于最短的那块木板,因此该理论也称为短板效应。木桶理论的核心内容是桶壁上最短的那块板。

在华为发展和壮大的过程中,短板的经验是适用的。任正非非常清楚,只有均衡发展,才能把华为做强做大,所谓均衡发展,就是抓最短的那一块木板。

在华为的内部会议上,任正非告诫华为人:"我们怎样才能活下来?同志们,你们要想一想,如果每一年你们的人均产量增加15%,你可能仅仅保持住工资不变或者还可能略略下降。电子产品价格下降幅度一年还不止15%吧。我们卖得越来越多,而利润却越来越少,如果我们不多干一点,我们可能就保不住今天,更别说涨工资。不能靠没完没了地加班,所以一定要改进我们的管理。

"在管理改进中,一定要强调改进我们木板最短的那一块。各部门、各科室、各流程主要领导都要抓薄弱环节。要坚持均衡发展,不断地强化以流程型和时效型为主导的管理体系的建设,在符合公司整体核心竞争力提升的条件下,不断优化你的工作,提高贡献率。

"公司一定要建立起统一的价值评价体系,统一的考评体系,才能使人员在内部的流动和平衡成为可能。比如有人说我搞研发创新很厉害,但创新的价值如何体现?创新必须转化变成商品,才能产生价值。我们重视技术、重视营销,这一点我并不反对,但每一个链条都是很重要的。相对用服

（用户服务）来说，同等级别的一个用服工程师可能要比研发人员综合处理能力还强一些。所以如果我们对售后服务体系不给予认同，那么这体系就永远不是由优秀的人来组成的。不是由优秀的人来组织，就是高成本的组织。因为他（优秀的人）要飞过去修机器，去一趟修不好，又飞过去修不好，再飞过去还是修不好，我们把工资全都赞助给民航了。如果我们一次就能修好，甚至根本不用过去，用远程指导就能修好，我们将能省多少成本啊！因此，我们要强调均衡发展，不能老是强调某一方面。"

在这段讲话中，任正非多次提及均衡发展。吴春波撰文称："任正非的经营管理思想的核心就是均衡，均衡是其最高的经营管理哲学。"

在市场拓展中，华为在坚持向高端市场进军的过程中，也不忽略低端市场。在华为内部会议上，任正非强调："我们现在是'针尖'战略，聚焦全力往前攻，我很担心一点，'脑袋'钻进去了，'屁股'还露在外面。如果低端产品让别人占据了市场，有可能就培育了潜在的竞争对手，将来高端市场也会受到影响。华为就是从低端聚集了能量，才能进入高端的，别人怎么就不能重复走我们的道路呢？"

在任正非看来，在维护好低端市场的基础上再冲击高端市场，这样才能避免舍本逐末。任正非认为："低端产品要做到标准化、简单化、生命周期内免维修。我们不走低价格、低质量的路，那样会摧毁我们战略进攻的力量。在技术和服务模式上，要做到别人无法与我们竞争，就是大规模流水化。客户想要加功能，就买高端产品去。这就是薇甘菊理论，而且我们现在也具备这个条件。"

华为副董事长徐直军更是把高低端战略细化了："应对中国的手机市场，一定要把品牌区分开。把中高端产品价格提起来，建立品牌，就能挣钱；低端产品，就是高质量、标准化、低价格、终生不坏、软件升级容易。"

大流量时代的流量管理方式发生了变化，未来网络的稳定性对品牌影响很大。因此，华为必须建立起大质量体系架构，才能解决消费者的需求。究其原因，过去华为的质量体系关注的是产品、工程，将来质量体系要从文化、哲学等更多方面加以关注。从各方面来看,华为要在中国、德国、日本联合建立大质量体系软件中心。

"跳芭蕾的女孩都有一双粗腿"

在很多商学院的总裁班课堂上,一些企业家在阐述企业管理理念时往往容易陷入空谈,内容拖沓冗长,十分无趣。低调的任正非摈弃了这样的教材式主题演讲,而是通过各种形象的比喻来阐述,这是任正非的高明之处。

当谈及均衡战略时,任正非就把这样的战略比喻为"跳芭蕾的女孩要有一双粗腿"。任正非说:"世界是在变化的,永远没有精致完美,根本不可能存在完美,追求完美就会陷入低端的事物主义,越做越糊涂,把事情僵化了。做得精致完美,就会变成小脚女人,怎么冲锋打仗?以前我认为跳芭蕾的女孩是苗条的,其实他们都是粗腿,很有力量的,脚很大,(她们)是以大为美。华为为什么能够超越西方公司,就是不追求完美,不追求精致。"

任正非的比喻非常恰当,因为在非专业人士的意识中,跳芭蕾舞的女孩身材都是非常好的,腿应该很细很长。其实这些看法都是不真实的,大部分跳芭蕾舞的女孩,双腿都较粗,脚也较大,这样才能有足够的力量。

这其实是建筑学逻辑的具体体现:在建筑学中,力量是其根本,唯有建立在力学原理基础上的万事万物,才可能存在和谐之美、均衡之美。

除此之外,这个比喻还体现了均衡的管理哲学思想。对于任何一个跳芭蕾的女孩来说,一双坚实的腿和脚,才能支撑起弹性与柔性,支撑起令人炫目的动感与平衡。

其实,这样的道理对于企业而言也很适用。在企业的发展中,"单向度追求"可为企业带来高速发展,尤其在企业的原始积累时期,能够使企业活下来,奠定一定的基础。但不停歇地进攻会在企业外部带来越来越多的对立和摩擦;在企业内部,也会积累与沉淀越来越多的矛盾与冲突,所以,均衡也成为一个时期组织管理的核心话题。①

当华为发展到一定规模后,内部矛盾与冲突无疑会增加,这就使任正非在发展与治理中不断寻找均衡的管理模式。如轮值 CEO 制度,这其实是任正非均衡管理思想的具体体现。任正非在署名文章《一江春水向东流》中这样写道:

> 我人生中并没有合适的管理经历,从学校到军队,都没有做过有行政权力的"官",不可能有产生出有效文件的素质,左了改,右了又改过来,反复烙饼,把多少优秀人才烙糊了,烙跑了……这段时间摸着石头过河,险些被水淹死。
>
> 2002 年,公司差点崩溃了。IT 泡沫破灭,公司内外矛盾交集,我却无力控制这个公司。有半年时间我都在做噩梦,梦醒时常常哭。真的,不是公司的骨干们在茫茫黑暗中,点燃自己的心来照亮前进的路程,现在公司早已没有了。这段时间孙董事长团结员工,增强(大家的)信心,功不可没。
>
> 大约在 2004 年,美国顾问公司帮助我们设计公司组织结构时,认为我们还没有中枢机构,不可思议。而且高层只是空任命,也不运作,提出来要建立 EMT(Executive Management Team,执行管理团队),我不愿做 EMT 的主席,就开始了轮值主席制度,由八位领导轮流执政,每人半年,经过两个循环,演变到今年的轮值 CEO 制度。
>
> 也许是这种无意中的轮值制度,平衡了公司各方面的矛盾,使公司得以均衡成长。轮值的好处是,每个轮值者在一段时间里,担负了

---

① 中国企业家编辑部.任正非总结华为成功哲学:跳芭蕾的女孩都有一双粗腿[J].中国企业家,2014(10).

公司 CEO 的职责,不仅要处理日常事务,而且要为高层会议准备起草文件,大大地锻炼了他们。同时,他不得不削小他的屁股,否则就达不到别人对他决议拥护的效果。这样他就将他管辖的部门,带入了全局利益的平衡,公司的山头无意中在这几年被削平了。

经历了八年轮值后,在新董事会选举中,他们多数被选上。我们又开始了在董事会领导下的轮值 CEO 制度,他们在轮值期间是公司最高的行政首长。他们更多的是着眼公司的战略,着眼制度建设。将日常经营决策的权力进一步下放给各 BG、区域,以推动扩张的合理进行。

这比将公司的成功系于一人,败也是这一人的制度要好。每个轮值 CEO 在轮值期间奋力地拉车,牵引公司前进。他走偏了,下一轮的轮值 CEO 会及时去纠正航向,使大船能早一些拨正船头,避免问题累积过重,不得解决。

在这篇文章中,任正非回顾了华为的创业过程,并阐释了华为轮值 CEO 制度的由来以及存在的必要。

在华为的发展过程中,变革和发展同时进行,在均衡思想的指导下,任正非坚决反对完美主义,正如他所讲的,"跳芭蕾的女孩都有一双粗腿"。

坚决反对完美主义

在华为,向来都是反对完美主义的。在华为 20 多年的成长与发展中,任正非通过持续不断地改进、改良与改善,不断地强化与提升华为的经营管理能力,使华为走上了一条健康的发展之路。事实证明,华为的成功,不仅动态地实现了功与利、经营与管理的均衡,而且把均衡管理的核心竞争力发挥到极致。

2005 年,华为加快了国际化的步伐,为了更好地"走出去",华为将其战略做了如下定位:第一,为客户服务是华为存在的唯一理由,客户需求是华为发展的原动力;第二,质量好、服务好、运作成本低,优先满足客户需求,提升客户竞争力和盈利能力;第三,持续管理变革,实现高效的流程化运作,确保端到端的优质交付;第四,与友商共同发展,既是竞争对手,也是合作伙伴,共同创造良好的生存空间,共享价值链的利益。

从上述四个战略定位可以看出,华为的战略既关注经营(第一条),又关注管理(第二条);既关注企业外部(第一条与第四条),同时也关注企业内部(第二条与第三条)。可以说基于其经营管理哲学的华为战略,是一个充满均衡的战略。[1]

在华为的发展过程中,随着规模的扩大,其管理改进也犹如春风化雨一般,悄然洒落在华为全体的员工身上。对于掌舵者任正非来说,之所以采取渐进式的管理改进,目的还是为了在发展与管理当中寻找一个最佳的结合点。

在内部讲话中,任正非谈道:"如果我们用完美的观点去寻找英雄,是唯心主义。英雄就在我们的身边,天天和我们相处,他身上有值得你学习的地方。我们每一个人的身上都有英雄的行为。当我们任劳任怨,尽心尽责地完成本职工作,我们就是英雄。当我们在思想上艰苦奋斗,不断地否定过去;当我们不怕困难,愈挫愈勇,您就是自己心中真正的英雄。我们要将这些良好的品德坚持下去,改正错误,摒弃旧习,做一个无名英雄。"

在任正非看来,完美的英雄是不存在的。这就是任正非一直反对完美主义的根源。在管理改进中,很多企业家都会选择职业化的管理队伍,而任正非却这样定义职业化:职业化就是在同一时间、同样的条件下,做同样的事的成本更低。

任正非坦言,一旦"市场竞争,对手优化了,你不优化,留给你的就是死

---

① 　吴春波.任正非间于"黑""白"之间的灰度管理哲学[N]. 中国经营报,2010-10-27.

亡"。对此,任正非拿思科与爱立信在内部治理上的水平与华为进行对比。任正非说:"思科在创新上的能力,爱立信在内部管理上的水平,我们现在还是远远赶不上的。要缩短这些差距,必须持续地改良我们的管理,不缩短差距,客户就会抛弃我们。"

在这样的背景下,华为要想追赶思科和爱立信,就必须改进,但是在改进的过程中,一定要沉着冷静,不能盲目行事。任正非说:"的确,我们要有管理改进的迫切性,但也要沉着冷静,减少盲目性。我们不能因短期救急或短期受益,而做长期后悔的事。不能一边救今天的火,一边埋明天的雷。管理改革要继续坚持从实用的目的出发,达到适用目的的原则。"

为了解决华为思想混乱,各种主义林立的问题,任正非通过外力制定了《华为公司基本法》。在《一江春水向东流》中,任正非这样写道:

> 到1997年后,公司内部的思想混乱,主义林立,各路诸侯都显示出他们的实力,公司往何处去,不得要领。我请中国人民大学的教授们,一起讨论一个"基本法",用于集合一下大家发散的思维,几上几下的讨论,不知不觉中"春秋战国"就无声无息了,人大的教授厉害,怎么就统一了大家的认识了呢?从此,开始形成了所谓的华为企业文化,说这个文化有多好,多厉害,不是我创造的,而是全体员工悟出来的。
>
> 我那时最多是从一个甩手掌柜,变成了一个文化教员。业界老说我神秘、伟大,其实我知道自己名实不符。我不是为了抬高自己而隐起来,而是因害怕而低调。真正聪明的是十三万员工以及客户的宽容与牵引,我只不过用利益分享的方式,将他们的才智黏合起来。
>
> 公司在意志适当集中以后,就必须产生必要的制度来支撑这个文化,这时,我这个假掌柜就躲不了了,从20世纪末到21世纪初,大约在2003年前的几年时间,我累坏了,身体就是那时累垮的。身体有多项疾病,动过两次癌症手术,但我乐观……

那时,要出来多少文件才能指导、约束公司的运行,那时公司已有几万员工,而且每天还在不断大量地涌入。你可以想象混乱到什么样子。我理解了社会上那些承受不了(压力)的高管,为什么会选择自杀。问题集中到你这一点,你不拿主意就无法运行,把你聚焦在太阳下烤,你才知道CEO不好当。每天十多个小时的工作,仍然是一头雾水,衣服皱巴巴的,内外矛盾交集。

在任正非看来,华为从一个小公司成为一个跨国公司,其内部还残留着小公司的不良习气,无疑会阻碍华为完全职业化的进程。任正非说:"我们从一个小公司脱胎而来,小公司的习气还残留在我们身上。我们的员工也受二十年来公司早期的习惯势力的影响,自己的思维与操作上还不能完全职业化。这些都是我们管理优化的阻力。""由于我们从小公司走来,相比业界的西方公司,我们一直处于较低水平,运作与交付上的交叉、不衔接、重复低效、全流程不顺畅现象还较为严重。"因此,在华为的管理改进中,要继续坚持遵循"七反对"的原则。

所谓"七反对"是指:坚决反对完美主义;坚决反对烦琐哲学;坚决反对盲目创新;坚决反对没有全局效益提升的局部优化;坚决反对没有全局观的干部主导变革;坚决反对没有业务实践经验的人参加变革;坚决反对没有充分论证的流程被实施。

针对这"七反对"的原则,任正非提出:"我们不忌讳我们的病灶,要敢于改革一切不适应及时、准确、优质、低成本实现端到端服务的东西。但是更多的却是从治理进步中要效益。我们从来都不主张较大幅度的变革,而主张不断地改良,人们现在依然要耐得住性子,谋定而后动。"

在任正非看来,如果总是从完美的角度出发,事事都力求完美,这样的企业很难得到长远的发展。只有不断地在治理中管理企业,才能使企业向更好的方面发展。在《一江春水向东流》中,任正非写道:

在华为成立之初，我是听任各地"游击队长"们自由发挥的。其实，我也领导不了他们。

前十年几乎没有开过办公会类似的会议，总是飞到各地去，听取他们的汇报，他们说怎么办就怎么办，理解他们，支持他们；听听研发人员的发散思维，乱成一团的所谓研发，当时简直不可能有清晰的方向，像玻璃窗上的苍蝇，乱碰乱撞，听客户一点点改进的要求，就奋力去找机会……更谈不上如何去管财务了，我根本就不懂财务，后来没有处理好与财务的关系，他们被提拔得少，责任在我。

也许是我无能、傻，才如此放权，使各路诸侯的聪明才智大发挥，成就了华为。我那时被称作甩手掌柜，不是我甩手，而是我真不知道如何管。今天的接班人们，个个都是人中精英，他们还会不会像我那么愚钝，继续放权，发挥全体的积极性，继往开来、承前启后呢？他们担任的事业更大，责任更重，会不会被事务压昏了，没时间听下面唠叨了呢？相信华为的惯性，相信接班人们的智慧。

从任正非的文章中不难看出，尽管华为遭遇了诸多问题，但是任正非都巧妙地——化解了。华为选择了客户化导向的经营模式。

在华为的产品研发中，产品的发展目标是客户需求导向，把为客户提供完善和及时的服务作为公司存在的唯一价值和理由；在管理模式方面，华为的微观商业模式就是流程化的组织建设，完成企业诸元素从端到端的高质、快捷、有效的管理；在内部核心价值观方面，相应地构建以高绩效为特征的企业文化。①

正如任正非所言："在这20年的痛苦磨难中，我们终于确立了'以客户为中心，以奋斗者为本'的企业文化，它使公司慢慢走出了困境。"

不难看出，华为所提倡的企业核心价值观，同样将内部价值导向（艰苦

---

①　吴春波.任正非间于"黑""白"之间的灰度管理哲学[N].中国经营报,2010-10-27.

奋斗)与外部价值导向(客户)有机、均衡地结合在了一起。从整体上看,这一模式将客户价值、企业效益、管理的效率和工作的高绩效有机地结合在一起,从而实现了有效的和谐和动态的均衡。可以说,华为提出的宏观商业模式与微观商业模式是建立在理性的思考基础之上的,其实质是将经营管理动态均衡变成了有实践意义的"华为模式"。①

①　吴春波.任正非间于"黑""白"之间的灰度管理哲学[N].中国经营报,2010-10-27.

第四部分 或跃在渊

> 我们要以服务来定队伍建设的宗旨。我们只能用优良的服务去争取用户的信任，从而创造资源。这种信任的力量是无穷的，是我们取之不尽、用之不竭的源泉。
>
> ——任正非

第十二章　以客户为中心

　　但凡研究华为的人都会好奇，华为打造世界一流企业的秘诀到底是什么？在翻阅汗牛充栋的相关书籍之后发现，华为的秘诀就是"以客户为中心"。每一个企业经营者都深谙"以客户为中心"这个道理，但是他们的企业却并未因此成为华为第二。

　　在当下这个波澜壮阔的大数据时代，大数据让中国的经营者忧喜参半。企业要想完成自己的现代化使命，首要的任务就是去实现"以客户为中心"的全面转型。值得中国经营者欣喜的是，大数据的巨大商业力量给中国的经营者预估客户的需求、了解每个客户、为每一个客户量身定制解决方案提供了详细的数据。当然，要做到"以客户为中心"，必须颠覆目前企业的所有业务流程和组织架构。正如华为技术有限公司企业业务营销部总裁何达炳所言："华为始终关注这一重点，为客户服务是华为存在的唯一理由。"

为客户服务是华为存在的唯一理由

　　对于任何一个企业而言，客户是企业必须争夺的战略资源，谁拥有优质的客户资源，谁就可能成为新的霸主。任正非在创业初期就懂得这个道理。在 1994 年 6 月的《胜利祝酒词》中，任正非讲道："在当前产品良莠不齐的情况下，我们承受了较大的价格压力，但我们真诚为客户服务的心一定会感动上帝，一定会让上帝理解物有所值，逐步地缓解我们的困难。我们一定能生存下去……"

在《资源是会枯竭的，唯有文化生生不息》一文中，任正非再次讲道："华为是一个功利集团，我们一切都是围绕商业利益的。因此，我们的文化叫企业文化，而不是其他文化或政治。因此，华为文化的特征就是服务文化，因为只有服务才能换来商业利益。服务的含义是很广的，不仅仅指售后服务，从产品的研究、生产到产品生命终结前的优化升级，员工的思想意识、家庭生活……因此，我们要以服务来定队伍建设的宗旨。我们只能用优良的服务去争取用户的信任，从而创造资源。这种信任的力量是无穷的，是我们取之不尽、用之不竭的源泉。有一天我们不用服务了，就是要关门、破产了。因此，服务贯穿于我们公司及个人生命的始终。当我们生命结束了，就不用服务了，因此，服务不好的主管，不该下台吗？"

在任正非看来，"以客户为中心"的含义不仅体现在产品的售后服务，更应该延伸到产品研究、生产甚至是员工的家庭生活。这样的转变无疑使华为更早地将"以客户为中心"上升为企业战略。

众所周知，在华为发展较长的一个阶段，"低价格、次产品、优质的服务"是华为留给客户的第一形象。某运营商老板至今对华为的优质服务记忆深刻：早年，华为的交换机大多在县级邮电部门使用，产品稳定性差，经常出问题。但华为的跟进服务做得好，24 小时随叫随到，而且邮电部门的职工动不动就把华为的员工包括任正非训斥一顿，他们不但没有任何辩驳，而且诚恳检讨，有错误马上改正，与西方公司习惯把责任推给客户、反应迟钝相比，华为让人印象深刻。客户怎么会拒绝把自己真正当作"上帝"的人呢？要知道，20 世纪 90 年代前后，"服务"的概念在中国尚属稀缺产品，华为却把它做到了极致。

　　在该老板看来，华为的优质服务已经超过当时的跨国企业了。在贸工技时代，不管是联想的柳传志还是华为的任正非，在代理产品中积累一定的财富之后，接踵而来的就是研发。1994 年 10 月，华为开始走出混沌阶段，第一台 C & C08 万门交换机在江苏邳州开局成功。这个巨大的事件标志着华为真正地终结了无产品、无技术的纯粹贸易阶段。

　　此后，华为开启了"以客户为中心"的服务引擎。1997 年，任正非正式地把"面向客户是基础，面向未来是方向"提升到华为的战略高度。任正非说："如果不面向客户，我们就没有存在的基础；如果不面向未来，我们就没有牵引，就会沉淀，落后……"

　　自此以后，任正非在华为的内部讲话上，尽管个别措辞稍有一些变化，但是"以客户为中心"的战略思想一直贯穿于华为发展和壮大的每个阶段和每个环节中。如 2002 年，任正非在内部讲话中说："华为的魂是客户，只要客户在，华为的魂就永远在，谁来领导都一样。如果公司寄托在一个人的管理上，这个公司是非常危险，非常脆弱的。华为公司已经实现了正常的自我循环和运行，这是我们公司更有希望的一点。"

　　2003 年，任正非在内部讲话中说："我们强调，要坚持客户需求导向。这个客户需求导向，是指理性的、没有歧变、没有压力的导向，代表着市场的真理。有压力、有歧变、有政策行为导致的需求，就不是真正的需求。我们一定要区分真正的需求和机会主义的需求……我们要永远抱着理性的客户需求导向不动摇，不排除在不同时间内采用不同的策略。"

　　2007 年，任正非在内部讲话中说："华为不是天生就是高水平，因此要认识到不好的地方，然后进行改正。一定要在战争中学会战争，一定要在游泳中学会游泳。在很多地区，我们和客户是生死相依的关系，那是因为我们已经和客户形成了战略性伙伴关系。机会不是公司给的，而是客户给的。机会在前方，不在后方。我们要有战略部署，如果没有战略部署，我们就无法竞争。"

　　正是因为坚持"以客户为中心"，华为迎来了高速成长。2005 年后，华为把全球数百家客户看作互为依存、互相促进的战略伙伴,而非简单的甲乙方。这对华为而言无疑是一个根本性的转变和提升。与之相反的是,当很多企业发展到一定规模时,往往会迷失自我,模糊常识,在"以客户为中心"的追求方面出现动作变形或价值观的扭曲。西方一些企业就是在这个阶段步入发展下行轨道的。华为的决策层也正是在目睹一座座山峰倒下去的惊心动魄中,认识到常识与真理的颠扑不破。因此,在2006—2010年,华为以极高的频率大讲特讲"以客户为中心",并通过多层次的培训活动进行系统强化。[①]

事实证明,在浮躁的当下,不管是美欧还是中国,成千上万的高科技企业在资本力量和创始人快速致富的风气的推动下,纷纷搅入资本市场,并被资本意志所控制。华为却以10年为目标来规划"面向客户"的未来。[②]任正非的做法引起了欧洲电信企业经营者的好奇。

2010年12月,欧洲某大型电信企业的高管们特地来到深圳华为总部,学习了华为的"以客户为中心"的战略思想,任正非的授课题目正是"以客户为中心,以奋斗者为本,长期坚持艰苦奋斗"。

任正非坦率地说:"这就是华为超越竞争对手的全部秘密,这就是华为由胜利走向更大胜利的'三个根本保障'。"

"我们提出的'三个根本保障'并非先知先觉,而是对公司以往发展实践的总结。这三个方面,也是个铁三角,有内在联系,而且相互支撑。以客户为中心是长期坚持艰苦奋斗的方向;艰苦奋斗是实现以客户为中心的手段和途径;以奋斗者为本是驱动长期坚持艰苦奋斗的活力源泉,是保持以客户为中心的内在动力。"

2012年7月,任正非在一份发言提纲中写道:"西方公司的兴衰,彰显

---

① 田涛,吴春波.下一个倒下的会不会是华为[M].北京:中信出版社,2012:18—19.

② 任正非:华为为什么不上市?[EB/OL].(2012-11-29)[2015-04-20].http://www.iceo.com.cn/renwu/35/2012/1129/260809.shtml.

了华为公司'以客户为中心,以奋斗者为本,长期坚持艰苦奋斗'的正确。"

任正非的判断非常高明,只有以客户为中心,企业才有生存的可能。华为一位高管举例说:中国人民大学商学院的一批 EMBA(高级管理人员工商管理硕士)学员去英国兰开斯特大学交流访问,在考察了英国工业革命的辉煌历史后,再看今天的英国,感到很震撼。学员们向英国教授提到华为,对方评价道:华为不过是走在世界上一些曾经辉煌的公司走过的路上。这些公司在达到顶峰之前也是以客户为导向的,也是不停奋斗的,但达到顶峰后它们开始变得故步自封,听不进客户的意见,于是就衰落了。[①]

正是华为"以客户为中心"的思想,得到了全球合作者的认可和赞誉。时任华为首席营销官的胡厚崑介绍说:"目前华为服务的全球 50 强运营商已经从 2008 年的 36 家上升至 45 家,更多的运营商认可了我们的独特价值。坚持以客户为中心的创新战略,使我们能迅速提供领先解决方案,提升网络性能,减少网络运营成本,不断创新以帮助运营商应对业务挑战;通过提供面向未来的创新网络解决方案,保护运营商建网投资。这就是为何越来越多的领先运营商选择华为作为最佳合作伙伴的原因。"

尽管距 2010 年已经过去好几年了,胡厚崑当时的判断现在来看还是很准确的。他说:"在全球宽带尤其是移动宽带市场发展的驱动下,华为预计主要业务仍将实现稳健增长,销售收入预计增长 20%,在固定移动融合、专业管理服务和智能终端等产品与解决方案方面将有较大的发展空间。"

[①] 任正非:华为为什么不上市?[EB/OL].(2012-11-29)[2015-04-20]. http://www.iceo.com.cn/renwu/35/2012/1129/260809.shtml.

聚焦客户,而不是对手

在沃尔玛购物商场,顾客们总会被墙上显眼的顾客服务原则所吸引。沃尔玛顾客服务原则是:"第一条,顾客永远是对的。第二条,如果对此有疑义,请参照第一条执行。"沃尔玛成为全球最大的零售商,遵循的就是把顾客当作上帝的标准。

顾客至上历来都是经商之根本。不论在什么时代,不论在什么领域,一旦经营者不尊重顾客,经营就不可能持续下去,倒闭也就在情理之中。对于长寿企业来说,顾客至上更是被奉为信条。在上百年的经营过程中,这个思想已深入骨髓,甚至已成为无意识的习惯。他们每时每刻都在努力实践着这一真理。[①]

任何一个中国企业经营者,对"顾客就是上帝"的道理都再熟悉不过。随着商业社会的进一步发展和成熟,顾客成为经营成败的关键。可以肯定地说,客户至上是中国企业生存和发展的法则之一。

在华为内部,曾经有过一次大讨论,讨论的内容是华为应该"以技术为中心"还是"以客户为中心"。最终讨论的结果是:华为要更加高举"以客户为中心"的旗帜。

时至今日,华为能够取得2013年销售收入达2400亿元的优异成绩,靠的就是"以客户为中心"。可以肯定地说,华为的明天,依然是"以客户为中心",这是华为生存和发展的唯一理由,也是任何一个企业生存和发展的关键点。

当把"以客户为中心"作为华为的发展战略之后,华为形成了四大战略内容。

---

① [日]船桥晴雄.日本长寿企业的经营秘籍[M].彭丹译.北京:清华大学出版社,2011.

　　华为不仅把用户视为衣食父母，而且把用户当作企业存在的根基。因而各部门都把为用户服务列入《华为公司基本法》之中。在《华为公司基本法》里，华为对客户服务和产品质量做出了详细的标准和要求，几乎涵盖了生产和经营的所有环节。也正因为有了这套基本法，华为在客户服务方面做出了惊人的努力。对此，任正非说："我们公司过去的成功是因为我们没有关注自己，而是长期关注客户利益的最大化，关注运营商利益最大化，千方百计地做到这一点……"

　　不仅如此，任正非还直言："华为聚焦的是客户，而不主要是对手。"2002 年，任正非在内部讲话中强调："做任何事，都要因时因地而改变，不能教条，关键是满足客户需求。……我们一定要做商人。科学家可以什么都不管，一辈子只研究蜘蛛腿的一根毛。对科学家来说，这是可以的。但是对我们呢？我们只研究蜘蛛腿，谁给我们饭吃？因此，不能光研究蜘蛛腿，要研究客户需求……"

　　在任正非讲这番话时，跨国巨头朗讯科技快要倒下了，跨国巨头摩托罗拉也已病入膏肓……在朗讯科技，贝尔实验室是一家世界级的研究机构，擅长研究"蜘蛛腿""蝴蝶翅膀""马尾巴的功能"等这些基础课题。然而，贝尔实验室既是朗讯科技发展和壮大的助推器，也是其沉重的包袱；摩托罗拉投入巨资研发铱星系统，最终因为其尖端技术过于超前而陷入滑铁卢。

　　为了避免步朗讯科技和摩托罗拉等企业的后尘，华为在资源极度匮乏的饥饿状态下，有效地把"以客户需求为导向，产品好，价格低，服务好"作为战略。当华为位居全球通信企业榜眼时，尽管已拥有资本、技术、人才以及管理等储备，但是任正非不但没有忘掉"以客户为中心"，而且对它的内涵进行了进一步的拓展。

　　2009 年，任正非在游览四川都江堰时，从李冰父子治水的故事中得到启示，写了一篇文章《深淘滩，低作堰》，第一次明确提出："将来的竞争就是一条产业链与一条产业链的竞争。从上游到下游的产业链的整体强健，就是华为生存之本。"

"深淘滩，低作堰"是中国两千多年前都江堰水利工程的修建原则，与现在华为的生存法则是如此相似。李冰留下"深淘滩，低作堰"的治堰准则，是都江堰长盛不衰的主要"诀窍"。其中蕴含的智慧和道理，远远超出了治水本身。在任正非看来，华为公司若想长存，这些准则也是适用于华为的。

任正非是这样注解"深淘滩，低作堰"的：

深淘滩：就是不断地挖掘内部潜力，降低运作成本，为客户提供更有价值的服务。客户绝不肯为你的光鲜以及高额的福利多付出一分钱的。我们的任何渴望，除了用努力工作获得外，别指望天上掉馅饼。公司短期的不理智的福利政策，就是饮鸩止渴。

低作堰：就是节制自己的贪欲，自己留存的利润低一些，多一些让利给客户，以及善待上游供应商。将来的竞争就是一条产业链与一条产业链的竞争。从上游到下游的产业链的整体强健，就是华为生存之本。①

华为顾问田涛和吴春波在其著作《下一个倒下的会不会是华为？》中这样介绍任正非："深圳飞往北京的航班。头等舱的最后一排，一位 60 多岁的乘客，捧着一本书在看着。三个小时后，飞机在首都机场降落。这位叫作任正非的乘客，起身，从行李架上取下行李，然后快步地融入川流不息的客流中，没有前呼后拥，没有迎来送往。经常的情形是，他到国内某地出差或度假，也不通知所在地的公司负责人，下飞机后，乘出租车直奔酒店或开会地点。乘出租车是他的习惯，偶尔让人看见，反成了新闻。"

---

① 中国企业家编辑部.任正非总结华为成功哲学:跳芭蕾的女孩都有一双粗腿[J].中国企业家,2014(10).

　　经过核实,华为的高管们大抵都是如此。在很多次出差中,笔者几乎都能在飞机上碰到华为的员工在出差。可能读者会认为,华为践行"以客户为中心"的战略,就没有必要高频率出差。而华为不这样看,华为一位副董事长说:"华为这样的做法,并不代表着领导层的道德觉悟有多高,这不是我们的出发点。重要的是,它体现着华为的价值观:客户重要? 还是领导重要? 这才是大是大非,关系到公司的胜败存亡。"

　　在他看来,华为只有把"客户第一"坚持下去,才能够赢得未来。在很多场合下,任正非更是多次发出警告:"我们上下弥漫着一种风气,崇尚领导比崇尚客户更厉害,管理团队的权力太大了,从上到下,关注领导已超过关注客户;向上级汇报的胶片(PPT,编者注)如此多姿多彩,领导一出差,安排如此精细、如此费心,他们还有多少心思用在客户身上?"

　　为了有效地贯彻"以客户为中心"战略,任正非直截了当地说:"你们要脑袋对着客户,屁股对着领导。不要为了迎接领导,像疯子一样,从上到下地忙着做胶片(PPT)……不要以为领导喜欢你就升官了,这样下去我们的战斗力要削弱的。"

　　不仅如此,任正非也时常在内部讲话中谈及此战略,如在 2010 年的一次会议上,任正非说:"在华为,坚决提拔那些眼睛盯着客户,屁股对着老板的员工;坚决淘汰那些眼睛盯着老板,屁股对着客户的干部。前者是公司价值的创造者,后者是谋取个人私利的奴才。各级干部要有境界,下属屁股对着你,自己可能不舒服,但必须善待他们。"

　　此外,任正非更是多次在内部讲话中用"深淘滩,低作堰"来强化华为"以客户为中心"的重要性。其实,在 2009—2010 年这段时间里,任正非在不同的讲话和文章中多次指出:

　　　　深淘滩就是多挖掘一些内部潜力,确保增强核心竞争力的投入,确保对未来的投入,即使在金融危机时期也不动摇;低作堰就是不要因短期目标而牺牲长期目标,多一些输出,多为客户创造长期价值。

我们要保持"深淘滩、低作堰"的态度，多把困难留给自己，多把利益让给别人。多栽花少栽刺，多些朋友，少些"敌人"。团结越来越多的人一起做事，实现共赢，而不是一枝独秀。

我们还是"深淘滩、低作堰"，就是我们不想赚很多的钱，但我们也不能老是亏钱。"低作堰"嘛，我们有薄薄的利润，多余的水留给客户与供应链。这样我就能保存生存能力，你只要活到最后一定最厉害，因为你每次合作的时候都要跟强手竞争，活下来的都是蛟龙……

从以上任正非对待客户的做法，足可见华为"以客户为中心"的核心价值观。华为早已把"为客户服务是华为存在的唯一理由"写进《华为公司基本法》中。为客户提供让他们无法拒绝的优质服务，可以说是所有企业赖以生存的法宝。

从"以技术为中心"向"以客户为中心"转移

翻阅浩瀚的资料后发现，任正非在接受媒体采访时谈得最多的还是"以客户为中心"。任正非指出，华为的核心价值观只有一个原则，就是"以客户为中心"："华为之所以崇尚'以客户为中心'的核心价值观，就是因为只有客户在养活华为，在为华为提供发展前进的基础，其他任何第三方（包括政府）都不可能为华为提供资金用于生存和发展，所以，也只有服务好客户，让客户把兜里的钱心甘情愿拿给我们，华为才有可以发展下去的基础。"

任正非说："华为的价值和存在的意义，就是以客户为中心，满足客户的需求。我们提出要长期艰苦奋斗，也同样是出于'以客户为中心'这样一个核心价值理念，坚持艰苦奋斗的员工也一定会获得他应得的回报。"

不仅如此，华为还从"以技术为中心"向"以客户为中心"转移。在西方国家的跨国公司中，时常以"以技术为中心"来构建行业壁垒，试图阻挡竞争者的进入。据年报显示，华为 2009 年全球销售收入 1491 亿元，同比增长 19％，净利润达到 183 亿元，净利润率为 12.2％。2009 年华为实现 217 亿元经营性净现金流，同比增长 237％。截至 2009 年 12 月 31 日，华为持有现金 292 亿元。

尽管取得了较好的成绩，但是思科、爱立信、诺基亚西门子的实力也不容小觑。以 2008 年为参考，思科当年销售额为 395 亿美元、爱立信为 252 亿美元、阿尔卡特朗讯为 215.7 亿美元、诺基亚西门子为 194.4 亿美元。

任正非脑海中浮现的英雄"丹柯"就源于这个传说：一群生活在草原上的人被别的种族赶到了森林里。在森林中，死亡笼罩着他们，只有走出森林，才有一线生机。这时候，英雄丹柯出现了，他提出由自己带领大家逃出森林。道路艰难，雷声隆隆作响，不知走了多久，大家筋疲力尽，有人开始埋怨起来，还有人对丹柯严厉指责。为了让族人停止毫无作用的抱怨并尽快走出密林，丹柯毅然用手抓开自己的胸膛，拿出了自己的心，点燃它并高高举过头顶，照亮了前进的路。人们全都惊呆了，开始义无反顾地跟着他。终于，丹柯用他的心带领大家走出了森林，走出了黑暗，看到了生的希望。丹柯死了，他的心变成了草原上的星星，永远闪烁。①

任正非把那些通信业的领路人比喻成丹柯。他的理由是：现在我们已经走在了通信业的前沿，要决定下一步该怎么走，其实是很难的。正如一个人在茫茫的草原上，没有方向，也没有北斗七星的指引，如何走出去？这二十年，我们占了很大的便宜，有人领路，阿尔卡特、爱立信、诺基亚、思科等都是我们的领路人。现在没有领路人了，路就得靠我们自己来走。领路是什么概念？就是丹柯。丹柯是一个神话人物，他把自己的心掏出来，用火点燃，为后人照亮前进的路。我们也要像丹柯一样，引领通信领域前进

---

① 中国企业家编辑部.任正非总结华为成功哲学：跳芭蕾的女孩都有一双粗腿[J].中国企业家，2014(10).

的路。这是一个探索的过程，在过程中，因为未来不清晰，可能会付出极大的代价。但我们肯定可以找到方向，找到照亮这个世界的路，这条路就是"以客户为中心"，而不是"以技术为中心"。我们并将这些探索更多地开放并与伙伴共享。我们不仅会有更多的伙伴，而且更加不排外，愿意与不同价值观的对手加强合作与理解。

以前，华为凭借西方公司领路，才找到发展的道路，而今华为也要参与领路了，开始需要慢慢地探索。在《灰色管理是企业的生命之树》一文中，任正非是这样阐述"以客户为中心思想"的：

> 深淘滩，低作堰，是李冰父子两千多年前留给我们的深刻管理理念。同时代的巴比伦空中花园、罗马水渠、澡堂，已荡然无存。而都江堰仍然在灌溉造福成都平原。为什么？
>
> 华为公司若想长存，这些准则也是适用于我们的。"深淘滩"，就是不断地挖掘内部潜力，降低运作成本，为客户提供更有价值的服务。

任正非坦言："研发正处在一个从'以技术为中心'，向'以客户为中心'转移的时期。我们应该承认，研发这二十年来取得了很大的成绩。我和很多国际大公司的领导人沟通的时候，他们都认为电信行业是一个门槛很高的行业，他们没想到华为敢攀这个门槛，更让他们不可想象的是，西方企业花了一百多年，而我们只用了二十年就达到了同样的水平，所以我们要肯定研发付出的努力、艰辛和贡献，要肯定研发领导的贡献，贡献的过程甚至是痛苦的。"

华为反对短期的经济魔术。当爱立信、思科、摩托罗拉这些竞争对手们都在以"财年、财季"的时点规划未来时，华为是在"以10年为单位规划未来"。

华为副董事长徐直军说,这正是华为能够追赶并超越对手的奥秘。①

任正非与西方公司追求的"以技术为中心"的做法大相径庭。的确,在全球 IT 企业普遍"常识迷失"的大背景下,任正非毅然拣起"以客户为中心"这个老掉牙的真理,并长期视为圭臬,必有其理由。

在激烈竞争的企业丛林中,谁敢把消费者当作实验品,谁就最先被市场淘汰。在很多影视剧中,一些企业为了蝇头小利,经常弄虚作假,结果这部分企业渐渐变得无人问津、门可罗雀,最后以倒闭收场。当然,也有一些企业为了追求规模,一味地追求门店扩张或渠道拓展,最终却因为过快的扩张速度而影响了顾客的服务,其结果也是虎落平阳、深陷泥潭,最终昙花遍地开,却难见成果。典型的例子就是"傻子瓜子"。

在中国商业史上,被誉为"中国第一商贩"的年广久可算得上是响当当的人物,他不仅是安徽"傻子瓜子"的创始人,而且还曾被邓小平同志三次点名表扬。

然而,究竟是什么原因使这个名噪一时的傻子瓜子公司如今变得悄无声息了呢?

据媒体报道,出生于 1937 年的年广久,在十几岁时就接过父亲的水果摊,并沿袭了父亲的"傻子"绰号。

20 世纪 70 年代末 80 年代初,年广久拜师学艺,开创出独具风味的一嗑三开的"傻子瓜子",名扬江淮。

1982 年,旗开得胜的年广久高调宣布"傻子瓜子"将大幅降价,降价幅度居然达到了 26%。而年广久的这一奇招使得"傻子瓜子"一炮走红。

在销售策略单一的 20 世纪 80 年代,年广久再一次掀起了促销风

① 任正非:华为为什么不上市?［EB/OL］.（2014-11-29）［2015--04-20］. http://www.iceo.com.cn/renwu/35/2012/1129/260809.shtml.

暴。1985 年,年广久策划了一个"傻子瓜子"有奖销售活动,顾客只要每购买 1 千克"傻子瓜子",就可以获得奖券一张,凭这张奖券就可以兑换"傻子瓜子"公司的促销奖品。

尽管现在这样的促销手段几乎每个商家都在使用,但是在 20 世纪 80 年代初的中国,这样的促销方法还很少见。"傻子瓜子"有奖销售活动刚一开展,顾客纷纷购买"傻子瓜子"以获取奖品,在有奖销售的第一天就售出了 13100 千克"傻子瓜子",最多时一天内就销售了 225500 千克。

然而,面临经销商大批量的进货,"傻子瓜子"无法提供充足的货源。于是,年广久只能从其他公司大量购买没有经自己制作和检验的熟瓜子,只是简单贴上"傻子瓜子"的商标去销售,而这些外购的瓜子中,有很多是陈货、劣货。

然而,让年广久没有想到的是,政府发布公告,禁止所有工商企业搞有奖销售的促销活动。政府的这一禁令使"傻子瓜子"公司所售出的奖券一律不能兑现,各地经销商纷纷退货,瓜子大量积压,银行要求归还贷款,再加上公司又打了几场官司,一下子亏损了 150 多万元。这时公司的信誉降到了最低点,年广久不得不吞下自己种下的苦果。

可以说,作为企业家,年广久是幸运的,他三次得到了邓小平同志的庇护。中国著名经济学家周其仁在谈及改革时曾拿年广久举例:"比如'傻子瓜子',当时雇到 60 个人,瓜子炒得好,把国营食品店的瓜子从柜台上挤下去,虽文化程度不高,但有营销技能,说几百万包瓜子里能嗑出一辆桑塔纳。八几年啊,嗑(瓜子)能嗑出桑塔纳,大家都嗑'傻子瓜子'了。市场规模大,雇工人数就多,已经超过 8 个(法律规定个体工商户雇佣人数不得超过 8 个。——编者注),而且达到 80 个,这个事情怎么定? 谁也不敢定,芜湖市委不敢定,安徽省不敢定,报到农研室我们老板杜润生也不敢定,把事情、不同想法和意见理清楚报给邓小平了,是小平定了。这个可以写进历史:炒瓜子要邓小平定。我听说邓小平第一次批的是五个字:'先不要动他。'"

　　然而,年广久却没有珍惜中央高层的关心,而是用假冒伪劣产品以次充好,欺骗消费者。如果年广久得到邓小平同志的"关照"后能够从抓质量、抓管理入手,进一步寻求发展,那么"傻子瓜子"的前途应该是光明的。

第十三章　宁慢毋急

当今时代,很多企业为了追逐利润最大化,盲目引资,甚至造假上市,其铤而走险的程度触目惊心;有的企业贪大求全,总是拿企业的未来做赌注,急功近利;有的企业决策者心态浮躁、目光短视,缺少对企业长远的战略构想和通盘设计,热衷于投机赚快钱……

面对中国经营者追逐利润最大化的做法,任正非忧心忡忡。在很多内部讲话中,任正非强调,华为的目标不是如何去实现利润最大化,而是考虑企业怎么活下去的问题。任正非的做法与中国很多企业家大相径庭。任正非说:"不要总想着做第一、第二、第三,不要抢登山头,不要有赌博心理,喜马拉雅山顶寒冷得很,不容易活下来,华为的最低和最高战略都是如何活下来,活得比别人长久,你就是成功者。"

活得比别人长久,就是成功者

在当下,潜藏在机会下的陷阱无处不在,需要企业经营者冷静地对待。在很多创业企业中,我们经常看到一些创业者总是在大书特书其战略目标,甚至有创业者提出"三年超英,五年赶美",三至五年内进入世界500强的雄心壮志。

2008 年金融危机爆发后，扩大内需消费成为拉动中国经济的一驾马车，面对中国 13 亿人口的市场，一些创业公司纷纷扩大规模，似乎都在抢占这一潜力巨大的市场，过去某些品牌企业曾犯过的错误，一些创业者正在重蹈覆辙。

在这些创业者看来，拥有 13 亿人口的市场可以令他们大展宏图，因此也不关心市场，不做足够的调查，就买地买设备，大规模扩充产能。①

殊不知，创业者这样做可能会使企业发展面临隐患，因为对于任何一个小公司而言，活下来、挣钱，比几年之内成为世界 500 强要重要得多。对此，华为创始人任正非经常在各种场合反复强调："我现在想的不是企业如何去实现利润最大化的事，而是考虑企业怎么活下去，如何提高企业的核心竞争力的问题。"

在任正非看来，只有企业活下去，才可能谈提高企业的核心竞争力。任正非的忧虑是很有前瞻性的。"好大喜功"对于企业经营者来说并非好事。成千上万的企业经营者因为好高骛远，不是提出进入世界 500 强，就是提出 3 年做成"中国沃尔玛"，结果却倒在这些宏伟的目标中。客观地讲，如果不根据企业的实际状况制订合理的近期和长远目标，与适合企业自身发展的文化理念和经营管理理念相一致，无疑是自寻死路。

在成千上万的失败的企业经营者中，因为所谓"宏伟"的目标而毁掉苦心经营的一切，史玉柱是其中的一个典型例子，"巨人集团"的倒塌就是为宏伟目标所累。

在一次访谈中，史玉柱说："我后来发现宏伟的目标是很可怕的，必然会违背经济规律，会让自己浮躁，让企业大跃进。"

在史玉柱看来，只有制定符合企业实际的目标，才能保证企业的生存和发展。一旦制定的目标过于宏伟甚至不切实际，必然会酿造一个巨大的悲剧。

---

①　门窗幕墙企业存隐患 切忌盲目扩大规模［N］.中国建材报,2011-08-09.

1997年史玉柱遭遇了第一次失败,此前他非常热衷于宏伟收入目标的制订,"对自己任何一个时间都定了一个目标,一个很宏伟的收入目标"。

史玉柱的理由是:"企业有几种,一是安定的;二是追求眼前利润的;三是追求长期利润的;四是(既)追求长期利润(又追求)社会效益和规模效应,这种企业是三者相互推动,社会效益和经济效益存在着必然的联系。"

对于高歌猛进的史玉柱而言,自己期待的巨人集团显然属于第四种企业。为了实现自己的愿景,史玉柱为巨人集团制定了一个非常宏伟的目标——"百亿计划"。

在这个"百亿计划"中,史玉柱的期望是,在1996年,巨人集团产值要达到50亿元;到1997年,巨人集团产值要达到100亿元。

在史玉柱看来,一年一大步、一年上一个新台阶的"百亿计划"可以让巨人迅速成为东方的"IBM"。据资料显示,史玉柱制定的目标是:在2000年,巨人集团的企业资产超过百亿元。

1995年,史玉柱为了配合这个宏伟而庞大的"百亿计划",特别启动了"三级火箭",把巨人集团研发的12种保健品、10种药品、十几款软件等产品一起推向市场,同时配合产品的推出,共投放了1亿元的广告。史玉柱提出要在很短的时间里把企业迅速做大,超过首钢和宝钢。

资料显示,史玉柱启动的"三级火箭",其实就是为了完成"百亿计划"而制定的:

(1)"第一级火箭"实际上就是巨人集团第一年的发展规划。在这个发展规划中,具体实施方案是这样的:巨人集团主要以"脑黄金"进行市场导入和测试,同时培训和锻炼"巨人"的队伍。事实上,作为初期成功转型的巨人集团,已经证明了自己在保健品行业的实力。但为了完成"百亿计划",仍然需要积累更多经验和扩大、培训、锻炼人才队伍。这样才能保证巨人的品牌影响力顺利地从软件产品延伸到保健品行业。

(2)在这个"三级火箭"计划中,第二年非常关键,因为这是"三级火箭"的第二级,不仅关乎"百亿计划"的完成,还将影响着巨人集团未来的生存和发展。在史玉柱看来，"三级火箭"的第二级的目标是，在巨人集团实施"规模化"的发展战略。"三级火箭"的第二级阶段的主要任务是，同时扩大巨人集团的产品规模和市场营销规模。为了完成在这一攻坚阶段的目标，史玉柱把速度作为巨人集团的重点。史玉柱要求，巨人集团的保健品产品规模要尽可能做到像日化巨头宝洁那样拥有大而全的事业部。

（3）"第三级火箭"就是第三年的发展规划。在史玉柱的规划中，巨人集团的未来发展，首先是实现"没有工厂的实业，没有店铺的商业"，将第二级计划进行体系上的规范和完善，整个体系良性运作；其次是要进入连锁经营领域；最后要进入资源领域。

可以看出，史玉柱希望凭借自己的"三级火箭"理论，将巨人集团打造成一个类似于日化品巨头宝洁那样经营多品牌战略的企业。而巨人集团经营的一系列产品并不是由巨人集团自己生产，而是由其他的企业代工，即"没有工厂的实业，没有店铺的实业"。在渠道建设方面，形成了传销和连锁两种方式为主导的网络。

在实际的运作中，史玉柱把原计划 6 年才可能完成的计划压缩到 3 年之内；在实施步骤上，把三步当成了两步走（把第一级火箭和第二级火箭一起实施，在 1995 年全面启动）。

遗憾的是，在"三级火箭"理论和巨人集团的现有资源上，史玉柱没有把握住均衡原则，目标与现实之间的差距实在是太大。过度地追求目标，以求快速地发展，在刚学会走的时候，就想要跑，结果只能是"跌倒"。①

在 20 世纪 90 年代，史玉柱的案例让危机意识较强的任正非意识到，保证自己能够活下去是华为的第一要务，为了让华为活下去，在《华为公司基本法》开篇，核心价值观第二条是这样阐释的："为了使华为成为世界一流的设备供应商，我们将永不进入信息服务业。通过无依赖的市场压力传

---

① 徐宪江. 富人不说，穷人不懂：50 位亿万富豪白手起家的赚钱哲学［M］. 苏州：古吴轩出版社，2011.

递,使内部机制永远处于激活状态。"

"永不进入"这不仅是拒绝诱惑的具体表现,同时也是保证华为能够生存和发展的关键所在。在华为内部,任正非曾对员工做了一个叫"企业不能穿上红舞鞋"的演讲。任正非坦言,红舞鞋虽然很诱人,就像电信产品之外的利润,但是企业一旦穿上它就脱不下来了,只能在它的带动下不停地舞蹈,直至死亡。任正非以此告诫华为的所有员工:"要经受其他领域丰厚利润的诱惑,不要穿红舞鞋,要做老老实实种庄稼的农民。"

在任正非的管理思维中,经常把一些管理模式比喻为种庄稼。任正非总说:"华为要松土、翻新,种子是我们自己种的,外部请来的专家、引进的流程就像投射进的阳光,如果我们离开这片田地,能从外面捡回来玉米,但也许最开始播下的种子就死了。"

不是机会太少,而是诱惑太多

在这个充满诱惑的商业世界里,面对充满商机和陷阱的诸多机会,谁也不能否认其中的吸引力。不过,尽管这些机会充满着无限的诱惑,但是在弱肉强食的企业丛林里,在风云变幻的市场环境中,能够保持专注、耐得住寂寞尤为重要。

在华为的内部讲话中,任正非多次提及红舞鞋的故事。在这个故事中,我们的确看到了很多不受理性控制的因素,在成长和发展的道路上,红舞鞋的诱惑随处可见。要想真正地抵制这种诱惑,不为所乱,的确是一件非常不容易的事情。

在很多企业中,企业家每天也面临着红舞鞋的诱惑。而且问题的复杂性还在于,红舞鞋往往披着冠冕堂皇的外衣,或是伴随着高昂澎湃的激情,甚至是在有如泰山压顶般的力量之下,被推到企业家面前的。穿,还是不穿?如果没有对自己的使命和责任有极为清醒和坚定的信仰,如果没有独立的思维和行动能力,企业家们要对红舞鞋果断说出一个"不"字,很难!①

改革开放后,转型期的中国遍地都是机会,获取利润的最大化几乎成为中国第一代企业家的一个共同特性。然而,很多企业因为盲目追逐利润最大化,导致了企业的倒闭。在诸多倒闭的企业中,幸福集团就是其中一个典型案例。

提起周作亮,那可是当年湖北叱咤风云的人物。周作亮曾被评为或授予全国最佳农民企业家、全国劳动模范、全国自强模范、全国优秀乡镇企业家、全国农村十大新闻人物、第八届全国人民代表大会代表等众多荣誉,兼任中国乡镇企业协会副会长、湖北省厂长(经理)会常务理事、湖北省企业家协会常备理事、湖北省残疾人联合会副主席。

从这一长串的评价可以看出,周作亮曾经有过辉煌的过去。这些辉煌的开始得从 1979 年夏天谈起。

在 1979 年夏天,湖北省武汉市闷热无比,39 岁的农民周作亮用扁担挑着简单的行李,满怀憧憬地站在湖北省武汉红旗服装厂大门外。

此刻,周作亮的人生目标就是要成为武汉红旗服装厂的一名服装工人。他坚韧的性格终于感动了红旗服装厂总技术师林逸民,林逸民破例收下了这个特殊的学徒。

3 个月后,周作亮在幸福村的一间小库房里挂起了"幸福服装厂"的牌子。

第一年,周作亮凭借 7 个人和 7 台缝纫机,创下了 2 万元的产值,盈利 5000 元。

此后的 10 余年间,周作亮凭着他对服装的天赋和对服装市场的感悟,一发不可收拾。

周作亮敢于举债从美国和日本引进了当时中国较为先进的 14 条

---

① 　陈培根.企业不可穿上"红舞鞋"[J].商界:评论,2006(1).

服装生产线,其衬衫、西装两大主导产品开始打入国际市场。

1989 年,国际市场环境极度恶化,衬衫、西装等产品订单大幅度减少,在这样不利的形势下,周作亮却凭借对服装市场的了解,先后在深圳、香港成立了永福制衣有限公司和永福贸易公司,仅仅在 1989 年就拿到了 8000 万元的外贸订单。

由于周作亮的处变不惊和善于把握时机,幸福服装厂在高速成长中。1991 年,周作亮决定将幸福村和幸福服装厂村企合一,成立了幸福集团,周作亮出任幸福集团董事长兼总经理。

1992—1993 年,在周作亮的领导下,幸福集团较早地开始了股份制改造,激活了集团运作机制。

如果周作亮一直走服装的路子,他手中的那把"金剪刀"也许含金量会越来越高。但村企合一后,周作亮首先提出建设一座"现代化的中国幸福村"的目标,先后投资 3000 万元,建成了一片"渠成格、田成方、路成线、树成行"的极宜观光的农田开发区和 200 栋村民别墅。从此,一个现代化的中国幸福村在江汉平原诞生了。不可否认,这些奇迹的创造,既得益于改革开放的机遇,也是周作亮勇气、胆识和能力的证明。

1993 年,各种荣誉如雪花般飞过来,此刻的周作亮偶然获悉铝材走俏,经营铝材可以获取丰厚的利润。于是,他当即决定兴建铝材厂,并且仅用 8 个月的时间就投资 1.1 亿元,建成了日产 10 吨的铝材加工厂。

当日产 10 吨的铝材加工厂建成后,周作亮不得不从外面采购所需的铝锭、铝棒。为了更好地与铝材加工厂配套,周作亮决定再建一个电解铝厂。但是,再建一个电解铝厂面临的最大难题是幸福村电力供应不足。

为了解决电解铝厂的用电问题,周作亮不顾电力部门的强烈反对,在小火电已经列为限制发展项目的情况下,仍然坚持修建了有 3

台5万千瓦小机组、年发电能力达到15亿千瓦时的火电站。

然而，又让周作亮犯愁的是，电解铝厂自用电仅为6亿千瓦时。如果仅仅供电给电解铝厂，那么3台小机组中有2台就要闲置。

毋庸置疑，修建了电厂，还得修建变电站与之匹配。于是修建变电站就成了必然的"周氏选择"。这样做不仅可以解决电解铝厂的用电问题，而且还可以解决剩余电力的对外输出和联网问题。

然而，当发电厂修建好后，要发电就需要大量的煤炭。幸福村的交通极不便利，既不通船又不通火车。

周作亮为了解决火电厂发电的用煤问题，还专门成立了一支庞大的运煤车队。然而，让周作亮没有想到的是，像幸福村这样简易的乡村公路根本无法通过载重60吨的重型卡车。

为了解决载重60吨的重型卡车的通行问题，周作亮决定修一条长40公里、耗资7000万元的二级公路。

当发电产生灰粉无法处理时，周作亮又计划兴办一个水泥厂……周作亮甚至提出要让汉江改道，把铁路修到张金村。

就这样，周作亮不顾多方反对，执意兴建电厂、铝厂、变电站等总投资15亿元的"三大工程"。这"三大工程"于1997年陆续建成投产，但这些工程投资巨大且回报期长，而此时，幸福集团的年产值仅有五六亿元。

周作亮为了弥补资金周转不足问题，不得不考虑其他的融资渠道，除了通过幸福信用社(即1992年由幸福集团控股组建的湖北潜江市幸福城市信用社)在潜江市本地高息揽储外，还购买了位于武汉市汉正街市场约1000平方米的房产，并以此作为据点，由担任周作亮决策顾问的周训和其经营的大江城市信用社牵线搭桥，在武汉吸收1年期存款达9.4亿元，涉及储户7万多人，其承诺的最高年利率为20%。

由于修建电厂、铝厂、变电站投资巨大，幸福城市信用社一直处于严重的流动性危机中，并最终酿成巨大的公众存款支付风险。

　　这时周作亮心中的企业战略就是"逢山开道、遇河搭桥",走到哪算哪,这种没有战略的经营和盲目的发展,把幸福集团一步一步引入深渊,也不可逆转地把周作亮引上"大而全,小而全,缺啥补啥"的封闭式发展的不归路。

　　有报道说,在1999年9月,周作亮无奈地将自己一手创建的湖北幸福集团的大部分股份转让给湖北国投,湖北国投成为这家上市公司的第一大股东并出任董事长、总经理。

　　与此同时,从小服装厂创业开始到曾经拥有一家上市公司的周作亮,黯然把自己的办公室搬到已经停建的四层办公大楼后面的一排简易平房里。不久前,他还在有着长长的门廊、铺着鲜艳绿色地毯的套间内办公。

　　转眼之间,两鬓斑白的周作亮似乎一下子退回到了1979年7个人和7台缝纫机的创业年代。

　　从上述案例不难看出,铝材厂打开了周作亮心底的潘多拉魔盒,而一系列的巨额投入最终导致幸福集团严重的"资金饥渴症",并把旗下的幸福城市信用社逼进了死胡同。

　　这个案例已是多年前的事情了,但是在今天,它依然警示着中国企业,谁拥有战略,谁才能赢得未来。如果周作亮有完善的企业发展战略,而不是"逢山开道、遇河搭桥",那么今天的情况便大不相同。

　　可以说,周作亮在扩张时毫无战略可言,其危机也在预料之中,这必须引起中国企业经营者的高度重视。在这个竞争激烈的时代,企业只有拥有科学的战略,才能拥有未来的市场。

　　北京华夏圣文管理咨询公司在中国企业界做过一次"关于企业家战略问题"的调查,结果显示,90%以上的中国企业家认为:"制订战略规划是最为困难、最占时间、最为重要的一件事情。"

　　遗憾的是,尽管中国企业经营者都知道制订战略规划对于企业发展的重要性,但依然缺乏战略思维。对此,中国国有资产监督管理委员会经济研究中心主任王忠明在"首届中国企业发展论坛"上,就曾逐户走访过国资委监管的全部189家中央企业中的140多家企业,他在调查后发现,在这140多家企业中,有真正意义上的发展战略的企业微乎其微。

既然战略如此重要,到底什么是战略呢? 在中国,战略一词历史久远,最早是指战争的"谋略"。如今,战略的含义演变为泛指统领性的、全局性的、左右胜败的谋略、方案和对策。

在企业经营中,企业战略具体表现为企业根据环境的变化、本身的资源和实力选择适合的经营领域和产品,形成自己的核心竞争力,并通过差异化在竞争中取胜。随着世界经济全球化和一体化进程的加快以及随之而来的国际竞争的加剧,企业对战略的要求越来越高。对此,王忠明认为:"成熟的企业发展战略要经过企业的成败沉浮和相当长时间的调整发展后才能形成,是在市场经济条件下发自内心的,甚至处于对未来的恐惧中产生的战略冲动。"因此,对于任何一个中国家族企业创始人而言,不仅要成为领导者,更要成为战略家。

宁慢毋急的华为

由于新商业模式的产生,传统行业的企业显得无所适从。因此,它们普遍存在着焦虑,比如苏宁,彻底地把自己"革命"了,甚至直接把公司名字改为苏宁云商,在电商以外,还进入金融等创新业务。苏宁为之付出的代价是,净利润几乎降至零。可能有研究者认为,苏宁的做法有失理性,其实这样的看法并不客观,因为企业的首要目标并不都是利润的最大化。

在"互联网+"时代,越来越多的复杂的商业模式不断地涌现,没有人知道如何使企业利润最大化,也没有人知道企业目前是不是已经利润最大化了。利润最大化,很多时候已经沦为企业掌权者谋取私利的说辞。一方面,逐渐降低的毛利率正在吞噬许多企业的利润,而互联网企业却正在获取 80% 的"暴利";另一方面,人们总在说传统行业要革命、要颠覆,仿佛一夜之间自己的家园就要遭到强拆,以一种凶猛的打法将它们从自己的地盘上踢出去。①

在创业之初,华为仅仅是一家贸易公司,只有"十几个人,七八条枪",既无产品,又无雄厚的资本,凭借自己狼性的思维在中外大型企业的铁壁合围中杀出了一条血路。

据媒体报道,在创业初期,华为最响亮的口号竟然是"胜则举杯相庆,败则拼死相救"。从这个口号中不难看出,对任正非而言,华为能够活下来,就是胜利。要想实现实业报国,必须先赚钱,壮大自身。

对于任何一个创业者而言,这都是一个充满诱惑的世界。要想将创业企业做强做大,抵制住诱惑无疑是最困难的。据统计数据显示,中国企业的平均寿命为 2.9 年,每年倒闭 100 万家以上。2010 年中国中小企业平均寿命为 3.7 年,欧洲和日本为 12.5 年,美国为 8.2 年。

众所周知,在中国改革开放 30 多年的岁月中,曾经作为 MBA 教学案例的中国优秀企业中的 80% 已经倒下了。也就是说,不断地有冒险赴死的人走向"玻璃门",被撞得头破血流;或陷入"弹簧门",被弹进死亡谷。不断有企业注册、注销,扔进去的是创业资金,带出来的是一身伤痕和"一地鸡毛"。②

面对这样的现状,任正非认为,只有宁慢毋急,才能取得西经。不过他也坦言,华为今天取得的成功,机遇要远远大于本身的素质与本领。

在中国,许许多多的创业者都热衷于做大做强,似乎没有这样的雄心就会被认为太安于现状。然而,在任正非看来,活下去才是最重要的。1987 年,任正非创办华为,而今华为在电信设备制造市场上不仅呼风唤雨,

---

① 白灵,刘醒.传统企业焦虑症[J].商界,2014(4).
② 田涛,吴春波.下一个倒下的会不会是华为[M].北京:中信出版社,2012:15.

而且一举成为中国最富创新精神的公司。当初的华为，其注册资本仅为 2 万元，而今已经实现 2013 财年 2390 亿元人民币（约 395 亿美元）的销售收入。这个业绩背后的核心推动者，依然是沉默的任正非。

对于今天的华为，中外媒体一边倒地大加称赞，在其出色的业绩之外，前些年开国内企业法之先河的《华为公司基本法》，前段时间在企业界流传甚广的《华为的冬天》，以及后来任正非陆续撰写的《北国之春》和《回忆我的父亲母亲》，都被人当成范本一样研读。

《中国企业家》杂志为此发表评论文章说，人们对任正非总是能摸准产业脉动的战略判断能力表示强烈的佩服，他正像他所说的"狼"一样，对市场的利润或者"血腥"式的寒冷能都提前嗅到——不管是他当年将初期积累下的 8000 万元全部投入大型程控交换机的研发上，还是他在业界率先做出"冬天"的预言。但是对于别人的崇敬，任正非照例不作任何回应。①

不过，《华为公司基本法》中写着："高层重大决策从贤不从众，真理往往掌握在少数人手里。"任正非坦言，只有宁慢毋急才是关键。任正非说："当初是因为我们幼稚，做起了通信产品，只不过回不了头而已。"

在任正非看来，活下来比几年之内成为世界 500 强要重要得多，因为企业如果都不能生存和发展下去，成为世界 500 强就是无稽之谈。

在创业初期，瑞蚨祥②的主要策略是物美价廉，如平纹色布，深受顾客们的喜爱，这种色布选用上好的白坯布（包括洋布）染制而成，畅销几十年。

当然，该布料畅销的一个重要因素是，瑞蚨祥的漂染工艺十分严格，刚出染房的布匹是严禁立即上市的，必须将布匹包捆好，在布窖里存放半年以上，待染料慢慢渗透每根纱线，方可出售。

---

① 中国企业家编辑部.任正非（华为公司）：还会封闭多久[J]. 中国企业家,2001(12).
② 瑞蚨祥,高级定制的中国品牌,清代时在北京、天津地区盛极一时。

　　瑞蚨祥这样做，虽然影响了资金的快速周转，但是却保证了布匹的品质。这种类似陈年老酒、老醋的工艺，叫"闷色"。经过闷色的布，缩水率小，布面平整，色泽匀艳，不易褪色。正是瑞蚨祥物美价廉的战略，赢得了顾客的认可，为瑞蚨祥成为百年老店打下了基础。

　　研究发现，老字号的优势非常明显，由于缺乏可量化的标准和行业规范，其生产的工艺具有不可复制性，传统工艺往往不能与现代技术对接，不能大规模工业化生产。正如不同厨师用同样的原料炒同样一个菜品，味道也可能大不同，这主要与厨师掌握的火候、盐、味精等技艺传承有关。

　　正是因为这样的技艺传承，使得店铺的目标客群和客户狭小、集中，在这样的条件下，店铺经营者往往会更加注重服务，因为只有至诚至上、货真价实的服务，才可能赢得顾客的认可。

　　刚创业时的店铺规模都很小，通常都是前店后厂。尽管没有规模效应，但是由于拥有独特的技艺，在提供给顾客产品时又愿意与时俱进，随着消费水平和消费方式的变化，店铺经营者的经营理念、技术、产品和服务都在随之变化，从而让顾客满意，顾客也愿意多次光临。像清代的瑞蚨祥，虽然当时的传播手段较为落后，但是老字号的商店凭借良好的口碑传播，赢得了一大批顾客的欢迎。

第十四章　遍地英雄下夕烟

　　在与跨国公司的竞争中,越来越多的中国企业经营者清醒地认识到,核心员工才是赢得竞争的重要基础。毫不夸张地说,中国企业要稳健发展,离不开核心员工;中国企业要做大做强,同样离不开核心员工;中国企业要克服危机重现辉煌,也离不开核心员工。核心员工是中国企业提高核心竞争力,实现基业长青和永续发展的基石。

　　华为尝试用各种各样的方法来留住和激励核心员工。任正非说:"你干得好了,多发钱,我们不让雷锋吃亏,雷锋也是要富裕的,这样人人才想当雷锋。"

　　在任正非看来,只有不让雷锋吃亏,才能激发和留住"雷锋"。任正非在内部讲话中谈到,目前华为的工资、奖金的分配存在不公平现象,应进一步强调多劳多得,继续推动干部的循环流动,从而使队伍充满能量。

绝不让雷锋式员工吃亏

　　"21世纪什么最贵? 人才。"电影《天下无贼》中黎叔的经典台词也道出了中国企业管理者们的心声与无奈。

在竞争日益激烈的知识经济时代,科学技术飞速发展,技术成为决定一个国家或企业是否具有竞争力的一个重要因素。而技术创新与进步是由核心的人才来完成的。因此,技术的较量归根到底还是核心员工的较量。

为了激活华为人的工作激情,任正非在一次内部讲话中说:"为了能团结广大员工一起奋斗,公司创业者和高层领导干部不断地主动稀释自己的股票,以激励更多的人才加入这个从来没有前人做过和我们的先辈从未经历过的艰难事业中来,我们一起追寻着先辈世代繁荣的梦想,背负着民族振兴的希望,一起艰苦跋涉。"

在任正非看来,让更多的员工持有华为的股票,不仅是让他们获得自我归属感,更是一种精神激励。华为这样做,主要还是基于绝不让雷锋式员工吃亏的态度。

任正非表示,华为才开始实行获得分享制,现在工资、奖金的分配有可能不公平,可能有些地方分得很多,有些地方分得很少,但是慢慢会摸索出合理的标准。他强调,华为的价值评价标准不要模糊化,要坚持以奋斗者为本,多劳多得。任正非说:"我们不让雷锋吃亏,雷锋也是要富裕的,这样人人才想当雷锋。"

正是因为不让雷锋吃亏的做法,越来越多的人才愿意加盟华为。与此同时,一些中国企业经营者却在为人才的流失而愤愤不平。在2008年1月苏州游戏产业年会上,时任金山董事长的求伯君对史玉柱、唐骏、朱骏等人说:"我希望有些新进的企业不要再使用非正常化的手段招揽人才。"

而史玉柱却不认可求伯君的说法。他说:"一个公司的开发人才总是留不住,问题出在这个公司本身,好的人才,就值好的价格。"

史玉柱的观点得到了马云的认可。马云坦言:"员工离职原因归根到底,只有两点最真实:一,钱,没给到位;二,心,委屈了。说到底就一条:干得不爽。员工临走还费尽心思找靠谱的理由,就是为给你留面子,不想说穿你的管理有多烂、他对你已失望透顶。作为管理者,一定要乐于反省。"

其实,据史玉柱介绍,在巨人网络的100多个骨干中,个个都被猎头约谈过。在华为,被猎头约谈的事情早已见怪不怪了。

为了激活员工的积极性,华为在强调分配制度时总是坚持多劳多得。当提拔干部时,华为坚持从战略贡献中选拔出各级优秀干部。干部获得提拔的充分必要条件是:"第一,要能使所在部门盈利;第二,要有战略贡献。如果你不能使这个代表处产生盈利,我们就对你实行末位淘汰;如果你有盈利,但没有做出战略贡献,我们也不会提拔你。这两者是充分必要条件。现在我们选拔干部,就要慢慢调整结构,从而使之走向更有利于公司的发展方向。"

人力资源要让"遍地英雄下夕烟"

在人力资源管理体系中,健全的薪酬战略是吸引、激励、发展与留住人才的最有力工具。然而,在长期的管理实践中,由于企业在人力资源管理方面经验少,加之企业对这方面的管理工作重视程度不够,人力资源管理的基础性工作有着严重缺陷,企业薪酬矛盾越来越突出。

在这样的背景下,作为人力资源管理来说,要想真正地留住核心员工,就必须提供有竞争力的薪酬。研究发现,有竞争力的薪酬必须达到以下三个目的:

(1)企业提供具有市场竞争力的薪酬,以吸引、留住与企业有相同价值观的核心员工。

(2)确定组织内部的公平,合理确定企业内部各岗位的相对价值。

(3)薪酬必须与工作绩效挂钩,激励核心员工的工作动机,奖励优秀的工作业绩,利用金钱奖励达到激励核心员工的目的。

从以上三点可以看出,要想从根本上吸引和留住核心员工,就必须提供给核心员工有竞争力的薪酬。薪酬水平是否合理,将直接影响该企业在人才市场的竞争力。

如果某个企业给核心员工提供的薪酬水平偏低,特别是关键的技术骨干力量的薪酬水平较市场明显偏低,就容易导致企业技术骨干和部分中层管理者流失。而技术骨干和部分中层管理者流失不仅增加了招聘的成本,同时还有可能给竞争对手培养了人才,曾经的某些领先技术,极有可能被竞争对手在短时间内超越。这样是极为危险的,企业在需要不断招聘新员工以满足运作需求的同时,又得面对核心员工不断离职的恶性循环,这不仅增加了企业的培训和招聘成本,而且造成了企业人力资源的极大浪费。

另外,没有竞争力的薪酬还会影响员工的工作积极性。对此,哈佛大学教授威廉·詹姆斯在实验后发现,在缺乏科学、有效激励的情况下,人的潜能只能发挥出 20%～30%,科学、有效的激励机制能够让核心员工把另外 70%～80% 的潜能也发挥出来。

从威廉·詹姆斯教授的发现来看,在实际的管理中,激励是人力资源管理的核心,而薪酬激励又是企业激励机制中最重要的手段,也是目前企业普遍采用的一种手段。相对于内在激励,管理者更容易控制薪酬激励,而且也较容易衡量其效果。如果能够真正发挥好企业薪酬对核心员工的激励作用,就能达到企业与核心员工双赢的目的。

在华为,激励员工的手段非常多,任正非在内部讲话中强调,人力资源要让华为"遍地英雄下夕烟"。

究其原因,是因为华为已经形成了能够凝聚 15 万人的机制,但凝聚得太紧了,不够活跃,就需要耗散,形成新的活力。为此,任正非用以下四个方法来激活华为的人力资源:

第一,改革的目的是为了作战。瑞典的"瓦萨号战舰",这里装饰、那里雕刻,为了好看还加盖一层,结果出海后风一吹就沉没了。战舰的目的应该是作战。我们之所以攻不进莫斯科大环,是因为仅靠物质激励没有用,缺少战略眼光。所以我总号召大家去看看《诺曼底登陆》。华为现在不缺乏"堵枪眼"的英雄，但是缺少战略家和思想家，大家都不愿意"望星空"，都想有实权。而且以前我们考核体系太具体化，让产生大智慧的人在华为没有地位。为什么这些种子出去也不成功呢？因为缺少大平台，没有土壤，也种不出来庄稼。

第二，我们拉长人力资源金字塔顶端时，要看到内生的新生力量，引进外来的"蜂子"，也要以内为主。不给内部人员一种希望，内部人努力就不够。华为公司做事总是喜欢循序渐进，我们在战略决策过程中，要善于转变，未来世界不一定掌握在有资历的人手里，我们要承认年轻人可能有未来，不要总是认为小年轻不能当上将。我们要发现这种善于学习的苗子，敢于给他们去"上甘岭"打仗的机会，不死就是将军，死了就是英雄。这样让大家恢复信心。

第三，人力资源金字塔基座要异化，改变齐步走的路子。我认为时代给我们的时间最多两年，如果人力资源政策调整不过来，就会面临大量人才流失。这两年人力资源在改革，进步很大。除了（2015 年，编者著）改革的部门外，没有改革到的部门还在齐步走。抓住时代变革的转折机会，要重新做出人力资源模型，改变齐步走。这次我要在干部大会上讲，一个人在最佳角色、最佳贡献、最佳贡献时间段，要给他最合理的报酬。不能像我这样，到七八十岁什么都老了，为什么我冲上甘岭时不给我多吃一碗面呀！不同角色有不同时间段，不同专业有不同时间段，不同专业的不同角色也有不同时间段。为什么不让最佳贡献的人在冲上"上甘岭"时给激励，非要等他老了才给呢？不能给级别，给奖金也行。我们要看到新生事物的成长，看到优秀的存在。

第四，时势造英雄，大时代一定会产生大英雄。我们一定要让公司 50%～60% 的人是优秀分子，然后在优秀的种子里再选更优秀的苗；中间分子（占）20%～30%。让优秀分子来挤压稍微后进的人，这样他们可能也会产生改变。对英雄也要不求全责备，要接受有缺点的美。我曾在汶川抗震救灾的文件上批示："只要过了汶川救灾线，尿了裤子的也是英雄。"华为去了一共 427 名(员工),都发了金牌。有一点点成绩就是英雄,将来才有千军万马上战场。

另外,任正非还指出,"薪酬包制度就是要把落后的人挤出去,'减人、增产、涨工资'。今年(2015 年)调整了中基层的薪酬结构,明年开始对高级干部、高级专家的薪酬改革。大数据流量的现实问题将摆在时代面前,两年后,就要开始冲锋了,我们有一支嗷嗷叫的队伍,该我们夺取胜利!"[①]

在任正非看来,激活员工的激情和创造力,不仅需要价值观的凝聚力,还必须结合完善的薪酬结构,给予员工充分的肯定。

———

①　任正非最新讲话:大时代一定会产生大英雄[EB/OL].(2015-03-12)[2015-05-20].http://html.smeshx.gov.cn/2015/2015_Mar_13/2015_Mar_13_01_34_33_93908.shtml.

第五部分　飞龙在天

　　我们要清醒地认识到,面对未来的风险,我们只能用规则的确定来对付结果的不确定。只有这样我们才能随心所欲,不逾矩,才能在发展中获得自由。任何事物都有对立统一的两面,管理上的灰色,是我们生命之树。我们要深刻地理解开放、妥协、灰度。深刻理解深淘滩、低作堰带给我们的启迪。智慧的光辉,将千秋万代永不熄灭。

——任正非

第十五章　任正非的灰色管理

　　长期以来,媒体的头版头条时常赞誉华为"以客户为中心"的战略路径,有的研究者在深入研究后惊奇地发现,真正为人称道的应该是任正非的"灰色管理"。

　　早在 2005 年,任正非在阐述华为变革时就谈到了灰色管理思想。任正非说:"在变革中,任何黑的、白的观点都是容易鼓动人心的,而我们恰恰不需要黑的或白的,我们需要的是灰色的观点,介于黑与白之间的灰度,是很难掌握的。"

　　在任正非看来,"灰色管理"是华为的生命之树。任正非是这样解释的:"我们要清醒地认识到,面对未来的风险,我们只能用规则的确定来对付结果的不确定。只有这样我们才能随心所欲,不逾矩,才能在发展中获得自由。任何事物都有对立统一的两面,管理上的灰色,是我们的生命之树。我们要深刻地理解开放、妥协、灰度,深刻理解深淘滩、低作堰带给我们的启迪。智慧的光辉,将千秋万代永不熄灭。"

灰色管理涵盖华为的各个层面

众所周知，"灰色"不仅体现在任正非的变革管理中，还涵盖了华为内部包括人际关系、企业道路选择等各个层面。作为战略思维的灰色管理要求管理者既要坚持原则，又要能够找到让华为人心甘情愿地接受的变通方法。如 2010 年年底，华为员工面临的选择是要做"奋斗者"还是做"劳动者"，其中"奋斗者"被要求承诺放弃带年薪休假和非指令性加班费，与之相反的是，如果做"劳动者"则可以享受带年薪休假和非指令性加班费等福利，但是在考核、晋升、股票分配等方面时，"可能会受到影响"。

在华为 20 多年的发展历程中，任正非的灰色管理思想随处可见。在华为的创业初期，员工的素质参差不齐，干部的素质也相对较差。此刻的华为要想获得高速发展，就必须有一套充满"狼性"的、严格的管理和控制体系。

当华为落实各项管理变革，一切管理都趋近于流程化、制度化之后，曾经严厉、苛刻的管理制度已经不再适合华为的发展。在这样的背景下，任正非认识到，华为的发展必须保持一个合理的节奏，宽严有度。从 1999 年后，管理、提高成为华为发展的主旋律。

2009 年，任正非曾总结道："西方的职业化，是从一百多年的市场变革中总结出来的，它这样做最有效率。穿上西装，打上领带，并非是为了好看。我们学习它，并非是完全僵化地照搬，难道穿上中山装就不行？20 年来，我们有自己成功的东西，我们要善于总结出来，我们为什么成功，以后怎样持续成功，再将这些管理哲学的理念，用西方的方法规范，使之标准化、基线化。只有这样，我们才不是一个僵化的西方样板，而是一个有活的灵魂的管理有效的企业。"

在任正非看来，在华为进行管理变革的同时，不能照搬照抄西方的管理制度,必须将东方的管理哲学理念用西方的方法规范,使之标准化、基线化。这正是任正非"灰色管理"思想对职业化和变革的深度阐释,是任正非企业管理中所展示的东方智慧。

可能读者会好奇地问,什么是灰度?所谓灰度,是指纯白、纯黑以及两者中的一系列从黑到白的过渡色。我们平常所说的黑白照片、黑白电视,实际上都应该称为灰度照片、灰度电视才确切。灰度色中不包含任何色相,即不存在红色、黄色这样的颜色。灰度的通常表示方法是百分比,范围为0~100%。与RGB正好相反,百分比越高颜色越偏黑,百分比越低颜色越偏白。灰度最高相当于最高的黑,就是纯黑。灰度最低也就是"没有黑",那就是纯白。

从灰度的定义可以看出,灰色是纯白、纯黑以及两者中的一系列从黑到白的过渡色。自然界中的大部分物体的平均灰度为18%。"灰度"一词,在华为的语境中有着重要的地位,任正非在许多重要讲话中经常使用。[①]如在2008年市场部年中大会上,任正非讲道:"开放、妥协、灰度是华为文化的精髓,也是一个领导者的风范。"

为了更好地阐释灰度管理,《中国企业家》杂志在《任正非总结华为成功哲学:跳芭蕾的女孩都有一双粗腿》一文中指出,唯物辩证法告诉我们,矛盾的、对立统一的、是认识事物最根本的观点。矛盾极其复杂多样,其运动形态决不仅仅是斗争一种形态,矛盾的同一性或统一性是更为普遍的形态。所以,我们不能形而上学地认为世间的事物是有你没我、你死我活、非白即黑,更普遍的形态是你中有我、我中有你,你活我也活,黑中见白、白中有黑;在一定条件下黑白可能互相转化,黑可能变白,白亦可变黑。所以,在认识事物中,那种极端的观点,绝对化的观点、一成不变的观点都是不正确的。任正非是深谙唯物辩证法的高手,他借用"灰度"一词教育干部和员

---

① 中国企业家编辑部.任正非总结华为成功哲学:跳芭蕾的女孩都有一双粗腿[J].中国企业家,2014(10).

工不要走极端,成为华为管理哲学中的精华之一。^① 在《管理的灰度》一文中,任正非写道:

> 坚持正确的方向,与妥协并不矛盾,相反,妥协是对坚定不移方向的坚持。当然,方向是不可妥协的,原则也是不可妥协的。但是,实现目标过程中的一切都可以妥协,只要它有利于目标的实现,为什么不能妥协一下? 当目标方向清楚了,如果此路不通,我们妥协一下,绕个弯,总比原地踏步要好,为什么要一头撞到南墙上?
>
> 在一些人的眼中,妥协似乎是软弱和不坚定的表现,似乎只有毫不妥协,方能显示出英雄本色。但是,这种非此即彼的思维方式,实际上是认定人与人之间的关系是征服与被征服的关系,没有任何妥协的余地。
>
> "妥协"其实是非常务实、通权达变的丛林智慧,凡是人性丛林里的智者,都懂得在恰当时机接受别人的妥协,或向别人提出妥协,毕竟人要生存,靠的是理性,而不是意气。
>
> "妥协"是双方或多方在某种条件下达成的共识,在解决问题上,它不是最好的办法,但在没有更好的方法出现之前,它是最好的方法,因为它有不少的好处。
>
> 妥协并不意味着放弃原则,一味地让步。明智的妥协是一种适当的交换。为了达到主要的目标,可以在次要的目标上做适当的让步。这种妥协并不是完全放弃原则,而是以退为进,通过适当的交换来确保目标的实现。相反,不明智的妥协,就是缺乏适当的权衡,或是坚持次要目标而放弃了主要目标,或是妥协的代价过高遭受不必要的损失。
>
> 明智的妥协是一种让步的艺术,妥协也是一种美德,而掌握这种

---

① 中国企业家编辑部.任正非总结华为成功哲学:跳芭蕾的女孩都有一双粗腿[J].中国企业家,2014(10).

高超的艺术,是管理者的必备素质。

　　只有妥协,才能实现"双赢"和"多赢",否则必然两败俱伤。因为妥协能够消除冲突,拒绝妥协,必然是对抗的前奏;我们的各级干部真正领悟了妥协的艺术,学会了宽容,保持开放的心态,就会真正达到灰度的境界,就能够在正确的道路上走得更远,走得更扎实。

　　在任正非的管理思维中,宽容和妥协是一种智慧,而非软弱。不同性格、不同特长、不同喜好的人能否凝聚在组织目标和愿景的旗帜下,靠的就是管理者的宽容。如同任正非所言:"宽容所体现出来的退让是有目的、有计划的,主动权掌握在自己的手中。无奈和迫不得已不能算宽容。只有勇敢的人,才懂得如何宽容,懦夫绝不会宽容,这不是他的本性。宽容是一种美德。"

　　在任正非看来,要想使华为快速地发展,必须考虑各个方面的利益,设法让这些利益方达成妥协,多元价值之间要设法彼此宽容,最终达成多重利益和多元价值基础上的团结。妥协很可能是特定利益格局下无奈让步的结果:很多情况下,一个安排明明不合理也只能勉强接受;同样,宽容很可能意味着"井水不犯河水"的回避主义,"惹不起但躲得起"的退让主义,甚至"大人不见小人怪"的恩赐主义。[①]

妥协往往是对正确方向的坚持

　　在实际的经营管理中,强势的标签往往更容易得到媒体的高度认可。美国在对外战争中,往往坚持不是朋友就是敌人。这样的战略思维本身是基于冷战背景基础之上的。这也是近 70 岁的希拉里获得美国选民支持的

---

① 汪小星,孙嘉芸. 华为任正非:不做僵化的西方样板[N]. 南方都市报,2010-03-02.

一个重要因素。

在这个英雄匮乏的年代,永不退让、强硬的进攻态度总是让人难以忘怀。俄罗斯现任总统普京因为强势而赢得"世界最具权势的总统"称号,把超级大国美国的奥巴马总统比了下来。尽管美国媒体很不情愿,但是也不得不重视这位开飞机、骑大马的俄罗斯总统。从中足以看出,在世界人民的眼里,强权人物依然大受欢迎。

但在任正非看来,经营管理中的妥协并非贬义词。任正非说:"纵观中国历史上的变法,虽然对中国社会进步产生了不可磨灭的影响,但大多没有达到变革者的理想。我认为,面对他们所处的时代环境,他们的变革太激进、太僵化,冲破阻力的方法太苛刻。如果他们用较长时间来实践,而不是太急迫、太全面,收效也许会好一些。其实就是缺少灰度。"

事实证明,在经营管理中,妥协并不是非错即对、非黑即白那么简单,而是一门高深的学问。究其原因,灰色管理要求企业经营者在黑与白的管理之间寻求平衡。然而,成千上万的企业经营者由于缺乏灰色管理,使得企业经常出现高层干部集体跳槽的事情。为此,任正非在《华为十大管理要点》一文中告诫中国企业经营者要学会灰色管理。

在任正非的意识中,所谓的灰色管理,就是"在黑与白的管理之间寻求平衡,突破将一切事物都一分为二看待的简单思维。在管理过程中,管理者在看待一个方案、一个员工时,不能单纯地说这个方案可行还是不可行,这个员工是优秀还是不优秀。在一些人或者一些事无法判断是否绝对正确的情况下,管理者要在它们之间找出可以介于两种结论之间的办法,也就是将管理延伸到一个能够伸缩的缓冲地带,也就是灰色地带。"

当然,任正非有这样的认识,源于他的人生经历。任正非说:"年轻时,喜欢非黑即白地看问题,爱憎分明地对待人和事。步入中年后才明白,黑与白之间确应留有一段灰色的缓冲地带。关键是,要把握好平衡的度。在妥协中前行,我们的目标,始终是推动一项目标或任务顺利完成。凡事不要上纲上线,极端的管理容易让一个组织机构陷入僵局。妥协的灰色管理，能够更好地激进员工思维，让员工奋进。"

在《管理的灰度》一文中，任正非说道：

> 一个领导人重要的素质是方向、节奏。他的水平就是合适的灰度。坚定不移的正确方向来自灰度、妥协与宽容。
>
> 一个清晰方向，是在混沌中产生的，是从灰色中脱颖而出，方向是随时间与空间而变的，它常常又会变得不清晰，并不是非白即黑、非此即彼。合理地掌握合适的灰度，是使各种影响发展的要素，在一段时间和谐，这种和谐的过程叫妥协，这种和谐的结果叫灰度。
>
> "妥协"一词似乎人人都懂，用不着深究，其实不然。妥协的内涵和底蕴比它的字面含义丰富得多，而懂得它与实践更是完全不同的两回事。我们华为的干部，大多比较年轻，血气方刚，干劲冲天，不大懂得必要的妥协，也会产生较大的阻力。
>
> 我们纵观中国历史上的变法，虽然对中国社会进步产生了不可磨灭的影响，但大多没有达到变革者的理想。我认为，面对它们所处的时代环境，他们的变革太激进、太僵化，冲破阻力的方法太苛刻。如果他们用较长时间来实践，而不是太急迫、太全面，收效也许会好一些。其实就是缺少灰度。方向是坚定不移的，但并不是一条直线，也许是不断左右摇摆的曲线，在某些时段来说，还会画一个圈，但是我们离得远一些或粗一些来看，它的方向仍是紧紧地指着前方。
>
> 我们今天提出了以正现金流、正利润流、正的人力资源效率增长，以及通过分权制衡的方式，将权力通过授权、行权、监管的方式，授给直接作战部队，也是一种变革。在这次变革中，也许与二十年来的决策方向是有矛盾的，也将涉及许多人的机会与前途，我想我们相互之间都要有理解与宽容。

从任正非的这个讲话中不难看出，华为始终用"灰度"的思想指导华为的各项实践。如公司设计自身所有制的实践,正确处理本土化和国际化的实践,如何正确对待客户、竞争对手、供应商的实践,内部管理上正确处理质量与成本、拿合同与保进度的实践,处理守成与创新的实践,处理员工身份的实践,处理人事制度变革的实践,等等。在这些实践中,华为都坚持了"灰度"的指导思想。实践证明,"灰度"思想是指导华为公司实践取得成功的重要"法宝"。①

---

① 中国企业家编辑部.任正非总结华为成功哲学:跳芭蕾的女孩都有一双粗腿[J].
中国企业家,2014(10).

第十六章　力出一孔 利出一孔

在 2013 年的轮值 CEO^① 的新年献词中，任正非坦言："'聚焦战略，简化管理，提高效益'，彰显了我们新一年的目的。我们就是要聚焦在自己的优势的中央，充分发扬组织的才干，以及在主航道上释放员工的客观能动性与发明力，从而发生（产生）较大的效益。"

在任正非看来，战略聚焦不仅让华为有效地配置资源，还可以让华为持续、快速、高效地发展。不管是跨国公司还是初创企业，在拓展市场中，资金、人才等战略资源都很容易匮乏。为此，"现代管理之父"彼得·德鲁克坦言："没有一家企业可以做所有的事情，即使有足够的钱，它也永远不会有足够的人才。"

在彼得·德鲁克看来，只有战略聚焦，才能有效地配置企业的各种战略资源。在企业管理中，企业经营者如果设定聚焦点，自然可以把有限的资源整合起来，产生一股巨大的推力。经测算，普通的产品生产者，如果其利润是 15％，那么一个专业化生产的产品，它的边际利润通常可以达到 60％～70％。专业化不仅提高了企业参与竞争的优势，把大部分竞争对手

---

① 轮值 CEO 是起源于华为公司的一种特殊企业文化，在华为，公司 CEO 由八名高管轮值出任，任职期为 2 个月。

挡在门槛外,还大幅度降低了成本。[①]

要聚焦、要盈利,不要盲目铺开摊子

在任正非看来,如果华为人能坚持"力出一孔,利出一孔",下一个倒下的就不会是华为;如果忘记了"力出一孔,利出一孔"的原则,下一个倒下的也许可能就是华为。历史上的大企业,一旦过了拐点,进入下滑通道,很少有再次成功的。华为肯定不甘心倒下,那么华为人就要克己复礼、团结一心、努力奋斗。

对于 20 世纪 80 年代初的中国来说,由于政府实施了改革开放战略,商业机会遍地都是,可以这样说,那时的中国从来不缺少机会,因为机会数不胜数。在这样的情况下,专注和抵制诱惑就成为一个企业的战略抉择。

一直以来,实施多元化扩张还是坚持专业化突破的抉择始终在困扰着中国企业家们。一些中小企业经历过高速的发展,达到一定规模后,不得不重新审视企业的发展战略,企业家们不得不面临这个最为头痛、最具争议的问题。

尽管争议仍在继续,但多元化的成功概率本身就比较低。相关研究机构通过对 412 家企业样本进行分析后得出,从回报率来说,专业化的经营方式远优于多元化的经营方式。

这样的结论告诫中国企业家们,并不是所有的企业都可以复制美国通用电器的多元化辉煌。巨人集团创始人史玉柱在多元化失败后反省道:"失败的企业都有一个共同特点,就是没能抵挡住诱惑,战线拉得过长,以致最后出了问题。"

史玉柱为了东山再起,去请教三株创始人吴炳新。吴炳新曾告诉史玉

---

① 王永德. 狼性管理在华为[M]. 武汉:武汉大学出版社,2010:3-6.

柱,多元化的问题恰恰是机会太多——"天底下黄金铺地,哪个人能够全得?"

为了避免盲目铺开摊子的问题,任正非认为:"华为虽然目前取得了一些胜利,但也要聚焦、要盈利,不要盲目铺开摊子。"

在内部讲话中,任正非告诫华为人:

胡厚崑的那篇文章已经上网了,我们贯彻的是获取分享制,就是说你不能老从爹妈这里拿钱,这样是不能持久的。你们白手创业,过去几年时间已经走过了极端困难的道路,未来发展走向了比较正确的、比较好的路,你们经历了这种磨难,承担了这么大的压力,也锻炼了很多优秀干部。爸爸妈妈扶植孩子走向市场,不可能扶一辈子,爸爸妈妈要死得早一点,所以历史上从来都是父母不宠爱的孩子才是最有出息的。公司实际上把你们当成小狐狸,把你们扔在企业业务这个沙漠里面了,活的下来就是英雄,活不下来我们就把这块业务关掉,刚好你们这些小狐狸都活下来了,而且还有很多成了老狐狸。

我并不指望企业业务迅猛地发展,你们提口号要超谁超谁,我不感兴趣。我觉得谁也不需要超,就是要超过自己的肚皮,一定要吃饱,你现在肚皮都没有吃饱,你怎么超越别人。我认为企业业务不需要追求立刻做大做强,还是要做扎实,赚到钱,谁活到最后,谁活得最好。华为在这个世界上并不是什么了不起的公司,其实就是我们坚持活下来,别人死了,我们就强大了。所以现在我还是认为不要盲目做大,盲目铺开,要聚焦在少量有价值的客户,少量有竞争力的产品上,在这几个点上形成突破。好比战争中我这个师是担任主攻任务,就是要炸开城墙,那么我打进城也就是前进四百米左右,这个师已经消耗得差不多了,接着后面还有两个师,然后就突进去了,从四百米突到一公里、两公里左右,接着下来再进去三个师,攻城是这么攻的。所以我们在作战面上不需要展开得那么宽,还是要聚焦,取得突破。当你们取得一个点的突破的时候,这个胜利产生的榜样作用和示范作用是巨大的,这个点在同一个行业复制,你可能会有数倍的利润。所以说我们要踏踏实实沿着有价值的点撕开口子,而不要刚撕开两个口子,就赶快把这些兵调去另外一个口子,这样的话你们就是成吉思汗,就是希特勒,你们想占领全世界,你们分兵多路,最后就必然是死亡。我还是要强调,企业网目前取得了一些胜利,但不要盲目铺开摊子作战。还是要聚焦在一定的行业,一定的产品范围内,越是在胜利的时候,越别急着盲目行动。我原来也讲过,你们中国区实现了盈利,我允许你们中国地区拿一半的利润去开拓市场,去做新市场的补贴、开拓,但是要开拓有希望的市场,而不是送到最困难的地方去,你们可以采用这个扩张方法。

任正非的看法是很有见地的,因为将有限的资源聚焦在某一点上,可以有效地发展和壮大企业的规模。任正非说:"总的来说,我认为拳头握紧才有力量,分散是没有力量的。你们要考虑清楚怎么去突破,怎么去占领的问题,不要来问我要怎么办,我就看你能盈利多少钱。"

"华为是平凡的,我们的员工也是平凡的。过去我们的考核,由于重共性,而轻个性,不留意拉开适当的差距,挫伤了一部分努力创造的人,有许多优秀人才也流失了。但剩下我们这些平凡的15万人,25年聚焦在一个目的上持续奋斗,从没有动摇过,就如同是从一个孔喷出来的水,从而产生了今天这么大的成就。这就是力出一孔的威力。"

"利出一孔"的资源最大化

在华为,任正非多次强调了聚焦战略对于华为的作用。任正非曾说:"大家都知道水和空气是世界上最温柔的东西,因此人们常常赞美水性、轻风。但大家又都知道,同样是温柔的东西,火箭可是空气推动的,火箭燃烧后的高速气体,通过一个叫拉法尔喷管的小孔,扩散出来的气流,产生巨大的推力,可以把人类推向宇宙。像美人一样的水,一旦在高压下从一个小孔中喷出来,就可以用于切割钢板。可见力出一孔,其威力之大。"

在任正非看来,只有集中兵力,才能保证华为活下来,特别是在创业初期。在 2013 年的轮值 CEO 的新年献词中,任正非告诫华为人说:

> EMT 宣言,就是表明我们从最高层到所有的骨干层的全部支出,只能来源于华为的工资、奖励、分红及其他,不允许有其他额外的收入。从组织上、制度上,堵住了从最高层到执行层的个人谋私利,通过关联交易的孔,掏空集体利益的行为。
>
> 20 多年来我们基本是"利出一孔"的,形成了 15 万名员工的团结奋斗。我们知道我们管理上还有许多缺陷,我们正在努力改进之,相信我们的人力资源政策,会在"利出一孔"中,越做越科学,员工越做干劲越大。我们没有什么不可战胜的。

王育琨撰文指出:"华为固守通信设备供应这个战略产业,除了一种维持公司运营高压强的需要,还为结成更多战略同盟打下了基础。商业竞争有时很奇怪,为了排除潜在的竞争者,花多大血本都不在乎。在通信运营这个垄断性行业,你可以在一个区域获得一小部分的收益,可是在更多区域运营商们会关闭你切入的通道。任正非洞悉人性的弱点,守护着华为长远的战略利益。"

外界不理解任正非的聚焦战略,他曾经自我解嘲说是无知使他跌进了通信设备这个全球力量竞争最激烈的角力场,竞争对手都是拥有数百亿美元资产的世界著名公司。而这个角力场的生存法则很简单:必须专注于战略产业。

众所周知,华为作为一家高科技民营企业,在创建时,其注册资金只有2.4 万元。然而,经过华为全体员工的艰苦创业,其营业额连年翻番:1993

年为 4.1 亿元,1997 年达到 50 亿元,1999 年突破 100 亿元,2009 年全球销售收入 1491 亿元人民币(约 218 亿美元),2013 年实现销售收入 2390 亿元人民币(约 395 亿美元)。

华为之所以能够取得火箭般的发展速度,是因为华为发展的核心其实就是由"集中优势力量打歼灭战"转变成华为的"压强战略"。

这样的聚焦战略在《华为公司基本法》中可以找到。《华为公司基本法》第 23 条指出:"我们坚持压强战略,在成功的关键因素和选定的战略生长点上,以超过主要竞争对手的强度配置资源,要么不做,要做,就极大地集中人力、物力和财力,实现重点突破。"

创业公司要想与实力雄厚的巨型企业竞争,就必须集中优势力量打歼灭战。在华为创业初期,面对强大的、资金实力雄厚的竞争对手,进行全方位的追赶无疑是自寻死路,任正非决定,华为必须立足于当代计算机与集成电路的高新技术,在此基础之上进行大胆创新。为了支持创新,华为每年都投入销售额的 10% 左右用于科研开发,装备了大批精良的开发设备和测试仪器。不仅如此,华为还积极与国内外一些著名大学、研究开发机构和重点实验室建立了长期、广泛的合作与交流,与国际上的知名公司和供应商建立了良好稳定的伙伴关系。

正是集中优势兵力来应对竞争者,华为才取得了一系列突破。如今,华为已经跻身世界少数几家能够提供 CAC08-STP 数字程控交换机设备的供应商行列,在移动智能网、STP、移动关口局、GPRS 等核心网络方面也形成了领先优势。[①]

对此,任正非在内部干部会上总结说:"我们把代理销售取得的点滴利润几乎全部集中到研究小型交换机上,利用压强原理形成局部突破,逐渐取得技术的领先和利润空间的扩大,技术的领先带来了机会和利润,我们再将积累的利润投入交换机的升级换代产品的研究开发中,如此周而复

---

① 王永德.狼性管理在华为[M]. 武汉:武汉大学出版社,2010:3-6.

始,不断地改进和创新。尽管今天华为的实力大大地增强了,但仍然坚持压强原理,只在自己最擅长的领域做到业界最佳。"

在任正非看来,只有战略聚焦,才能提升作战部队的作战能力。任正非告诫华为人:"在我们这个时代,最近的 3～5 年,对华为至关重要的就是要抢占大数据的制高点。这 3～5 年如果实现了超宽带化以后,是不可能再有适合我们的下一个时代的。那么什么是大数据的制高点呢? 我们在东部华侨城会议已有决议,按决议去理解就行了。不是说那个 400G 叫制高点,而是任何不可替代的、具有战略地位的地方就叫制高点。那制高点在什么地方呢? 就在 10% 的企业,10% 的地区。从世界范围看大数据流量,在日本是 3% 的地区,汇聚了 70% 的数据流量;中国国土(面积)大,分散一点,那么 10% 左右的地区,也会汇聚未来中国 90% 左右的流量。那我们怎么能抓住这个机会? 我认为战略上要聚焦,要集中力量。

"我们要学会战略上舍弃,只有舍弃才能战胜。当我们发起攻击的时候,发觉这个地方很难攻,久攻不下,可以把队伍调整到能攻得下的地方去,我只需要占领世界的一部分,不要占领全世界。胶着在那儿,可能错失了一些未来可以拥有的战略机会。以大地区来协调确定合理舍弃。未来 3～5 年,可能就是分配这个世界的最佳时机,这个时候我们强调一定要聚焦,要抢占大数据的战略制高点,占住这个制高点,别人将来想攻下来就难了,我们也就有明天。大家知道这个数据流量有多恐怖啊,现在图像要从 1k 走向 2k,从 2k 走向 4k,走向高清,小孩拿着手机啪啦啪啦照,不删减,就发送到数据中心,你看这个流量的增加哪是你想象的几何级数啊,是超几何级数的增长,这不是平方关系,可是立方、四次方关系的增长的流量。这样管道要增粗,数据中心要增大,这就是我们的战略机会点,我们一定要拼抢这种战略机会点,所以我们不能平均使用力量,组织改革要解决这个问题,要聚焦力量,要提升作战部队的作战能力。企业业务在这个历史的关键时刻,也要抢占战略制高点。你们也有战略要地,也做了不少好东西。"

事实证明,华为的战略聚焦,使其专注于通信行业,从而形成一股强大的推动力量,让华为如火箭般高速增长。《华为公司基本法》第一条规定:"为了使华为成为世界一流的设备供应商,我们将永不进入信息服务业。通过无依赖的市场压力传递,使内部机制永远处于激活状态。"

对这一条内容的理解,业界一直是众说纷纭。对此,部分《华为基本法》的编撰者甚至很多为华为做传记的作者也没能言中要害,很多财经作者的结论更是大谬不然。

清华大学长三角研究院中国企业家思想研究中心主任王育琨在《1000亿华为和任正非的六个支点》一文中分析说:"许多公司垮下去,不是因为机会少,而是因为机会太多、选择太多。太多伪装成机会的陷阱,使许多公司步入误区而不能自拔。机会,就是炙手可热的战略资源。但是,并不是所有的战略资源都可以开发成战略产业。有些战略资源能够形成战略产业,有些战略资源则只能为资本运作和战略结盟提供题材和想象空间,却不适于作为一种战略产业来经营。只有那些特别冷静的战略制定者,才不会被冲动和狂热牵着走,才会避开那些伪装成机会的陷阱。中国企业的战略资源本来就不多,战略失误将流失最宝贵的战略资源。任正非有着足够的自知。他深知如何区分伪装成机会的陷阱和装扮成陷阱的机会。"①

---

① 王育琨. 1000 亿华为和任正非的六个支点[EB/OL]. (2008-02-18)[2015-05-05]. http://my.icxo.com/266600/viewspace-80835.html.

第十七章　静水潜流

在中国,有两位企业家经常登上媒体的头条,一位是被媒体称之为神秘低调的华为创始人任正非,另外一位是一向高调的阿里巴巴创始人马云。这两位创始人都直接或间接地显现了中华几千年的文化底蕴。

2014年9月,一向高调的阿里巴巴创始人马云可谓是风光无限,阿里巴巴不仅成功地在美国纽约证券交易所上市,而且融资达218亿美元,一举成为中国首富。一时间,阿里巴巴和马云成为中国街头巷尾谈论的热点话题。

在距离杭州1000公里之外的深圳,华为创始人任正非依然低调,几乎不接受媒体的采访。《创业家》杂志社社长牛文文在微博中是这样评价华为的:"华为特训班第二期结业了,三天三夜没出华为,吃住上课在百草园培训中心,和华为的高管、顾问、员工密集交流学习,恍若华为人。做媒体十几年,总想着走近神秘华为报道传奇华为,这段时间作为一个创业人走进了华为,反而觉得华为如水,静水潜流。创业的华为,令人尊敬,引人学习。"

华为没有秘密，任正非也没有密码

一直以来，任正非都在强调对华为的经营管理要像静水潜流那样——沉静领导，灰色低调，踏实做事，不张扬，不激动。研究发现，任正非倡导的"静水潜流"之道表面看似非常平静，其实并非如此。

水看似最为柔弱的物质，却蕴含着战胜其他的强大力量。老子在《道德经》第七十八章写道："天下莫柔弱于水，而攻坚强者莫之能胜，以其无以易之。弱之胜强，柔之胜刚，天下莫不知，莫能行。是以圣人云：受国之垢，是谓社稷主；受国不祥，是为天下王。正言若反。"

这段话的意思是，水是世界上最柔弱的，但是它无坚不摧，没有什么能够胜过它、替代它。弱能胜强，柔能胜刚，天下没有人不知道，但很少有人能做到。因此圣人说：能够承担起全国屈辱的，才能称为一国之主。能够担当国家灾难的，才算是一国之王。真理听起来都不是很顺耳。唐太宗李世民读后，把这句话总结为："水能载舟，亦能覆舟。"

《中国企业家》杂志刊发了一则关于静水潜流的文章，该文写道：

> 上善若水。水善利万物而不争，处众人之所恶，故几于道。水，以柔克刚，弱者也即强者，天下莫能与之争。
>
> 静，是一种没有摇旗呐喊的张扬，不显山不露水，不虚张声势的收敛，是一种蒋干盗书，看似漫不经心，其实是目标明确，精心策划，含而不露，心机深藏，一切都在不言之中达到目的。静，并不是真的平静，真的什么都没做，而是表面看起来是平平静静，其实是春雨润物，水滴石穿，蕴藏着巨大的能量，是"于无声处听惊雷"。
>
> 假如你不知水之深浅，拿起石头往水里，水花溅得起响，水声越是响亮，水就越浅，而溅不起什么水花，没有多大的水声，那水一定是深不

可测,其蕴藏着的力量是巨大的。这就叫作"静水潜流"。①

在一些内部讲话中,任正非之所以强调要低调,是因为他清楚静水潜流的巨大作用。任正非坦言,华为没有秘密,任正非也没有密码,请不要迷信华为,华为只是一个传说。

任正非解释说:"我们要的是成功,不是口号。有人说华为公司运行得平平静静,没什么新闻,是不是没戏了。我们说这叫'静水潜流'。表面很平静的水流,下面的水可能很深很急。倒是那些很浅的水在石头上流过去的时候才会泛起浪花。"

参与网上辩论,那是帮华为的倒忙

任正非是最为低调的中国企业家之一。创建华为至今,任正非接受过的媒体正面采访寥寥无几,通常也不参加评选、颁奖活动和企业家峰会,甚至连有利于华为品牌形象宣传的活动,他都一律拒绝。

在任正非看来,踏实做事比接受媒体的采访更重要,不仅如此,低调的他更是拒绝了多位领导人的接见。国务院参事室特约研究员、前中华民营企业联合会会长保育钧在接受财经人物微纪录片《未来观察家》采访时,高调地称赞任正非才是真正的企业家。保育钧说:"我是 1990 年去过华为,我们高层领导认为华为是私营企业,不敢去的,我那时候去的时候发现小孩们非常热情,每一个人都想给你介绍情况,一个一个都想当家做主的样子,20 多岁的年轻人,那个热情劲儿,我在别的地方真看不到。任正非他有'两不',一不上市,二不许子女接班,就为企业内部的共同的财产,这条

---

① 中国企业家编辑部. 任正非总结华为成功哲学:跳芭蕾的女孩都有一双粗腿[J]. 中国企业家,2014(10).

了不得,企业内部的创新,他有几个创新,一个是科技上的创新,中国民营企业的技术专利华为最多,研发投入华为最多,内部管理的创新,许多员工都有自己的股份,他自己的股份却很少,它(华为)真正变成社会所有。中国的制造业像这样的企业不多。"

与众多的中国企业家不同,任正非知道,如果对待媒体的态度不得体,甚至过分地利用媒体的宣传来提升自己的知名度,不但会吞噬华为大量的现金流,使企业陷入困境,更为严重的是,它会严重扰乱华为人踏实经营的心态,而一旦变得浮躁、急功近利,华为离死亡也就不远了。因此,在华为的发展过程中,任正非始终远离媒体。很多创业家过于依赖媒体的曝光率,结果成为"大败局"中被媒体分析的对象。曾经红极一时的企业家王恩学就是其中之一。

在 20 世纪 80 年代初,中国改革开放后不久,一批敢想敢干的农民和个体户抓住了改革开放的机遇,将企业办得红红火火,但是也有一部分企业家因为自己身上有了些光环,就不再将精力用在企业经营上,结果将高速发展的企业驶入破产的深渊当中,留下无限遗憾。

王恩学就是这样一位企业家。王恩学出生于山东沂蒙山区。改革开放后,身为农民的他开始了自己的创业之路——从养鸡开始。

在物资极为匮乏的年代,王恩学靠养鸡赚了不少钱,但是,由于当时的市场还不健全,王恩学很快又将赚的钱全部赔光。

在 20 世纪 80 年代的中国,遍地都是黄金,只是看你有没有发现金子的眼光。就在王恩学把钱全部赔光的时候,一天,他在报纸上看到一则改变他一生的消息:湖北省新洲县(现武汉市新洲区)有一个养鸡场正在招租。

王恩学看到这则消息后,兴奋不已。他觉得这是一个前所未有的大好机会。于是在王恩学的倡议下,他举家迁往湖北省新洲县。但让王恩学没有想到的是,当一家人到达湖北省新洲县后,才发现报纸上招租的养鸡场已经被全部拆除。

此刻,王恩学已经没有回头路。细心的王恩学发现,当地农民还不知道可以种大棚蔬菜,更不知道具体的操作方法。

于是,在湖北省新洲县,王恩学搞起了大棚蔬菜种植。功夫不负有心人,王恩学在湖北省新洲县用大棚种植蔬菜,2年就赚了6万元,这为王恩学积累了创业资金。

此时,信心满满的王恩学在湖北省新洲县再次操起老本行,办起了一个有一定规模的养鸡场。在当时,广告还不受重视,而王恩学已经开始做起广告出售种鸡。

广告播出后,养鸡场的生意好到出乎王恩学的预料。一个新疆客户看到王恩学出售种鸡的广告后,主动邀请王恩学到新疆筹办一个更大的养鸡场。

而在湖北干得风生水起的王恩学,也觉得目前的种鸡市场实在太小了。胆大的王恩学再次搬迁到新疆,仍然将养鸡场办得有声有色。

王恩学天生就是办企业的材料,他非常善于抓住商机。当王恩学出差到广州时,在大街上无意中看见一个路人提着一大包中华乌鸡精。

王恩学就这样看到了其中的商机。回到新疆后,他也开始养起乌鸡,而且还养了不少。他找到一家科研所,要求与其合作研发产品。没过多久,王恩学就研制出了他的第一个产品——神州乌鸡素,这款产品被推向市场后,客户接受度非常高,市场销路非常好。

20世纪90年代初期,有了一定技术和资金积累的王恩学成立了自己的第一家公司——康乐制品有限公司,后来更名为恩学保健品公司。

在1993年,更名后的恩学保健品公司推出新一代乌鸡产品——雪莲乌鸡素口服液,在推向市场后,市场销量也达到了王恩学的预期。

在20世纪90年代,产品广告效果夸大的现象非常严重,雪莲乌鸡素口服液的广告也同样如此。在广告宣传中，王恩学使用了许多夸大和不实的广告语，这在无形中埋下了失败的祸根。

广告中宣称，雪莲乌鸡素可以治疗肝炎等病症，而后，雪莲乌鸡素口服液的广告就遭到新疆维吾尔自治区卫生厅的查禁，新疆维吾尔自治区卫生厅还下发了《关于立即停止对雪莲乌鸡素进行违法宣传的通知》。

在20世纪90年代，保健品都是按照"一分靠产品，九分靠宣传"的模式来运作，而新疆维吾尔自治区卫生厅下发了《关于立即停止对雪莲乌鸡素进行违法宣传的通知》，也就等于把雪莲乌鸡素口服液逐出了市场。

没有了广告宣传的雪莲乌鸡素口服液产品很快就遭遇了滞销，在市场上无人问津。这也把善于运作广告宣传的王恩学推到了窘迫的困境。

正当王恩学不知所措时，他却得到了媒体的同情和支持。新疆某报率先刊发了文章，披露王恩学遭到新疆维吾尔自治区卫生厅"刁难"。

这篇文章发表之后，其他新闻媒体也开始追踪报道此事。当时，很多报纸、电台、电视台都发表文章评论了"雪莲乌鸡素口服液事件"。有的媒体还开设了一个专栏，对"王恩学现象"展开了一场较为激烈的大讨论。

在众多媒体频频曝光的情况下，新疆维吾尔自治区卫生厅原本正常的执法事件却被媒体炒作了起来。媒体炒作该事件只是为了提高自己的收视率，但一次正常的执法行为被炒得变了味。王恩学也从中找到了借口，干脆扔下在新疆的公司和几十万元债务，回到了山东菏泽。

王恩学回到山东菏泽的事情被新疆的部分媒体再次炒作起来。有的媒体发表评论说，新疆与王恩学失之交臂，就失去了一次振兴经济的机会。

当然，媒体这样的评论的确是夸张了，王恩学只不过是一个拥有几十万元资金的公司老板。仅仅靠王恩学一个人的力量就能振兴新疆经济，简直是无稽之谈。

然而，媒体的夸大，使远在首都北京的一些中央级大报也专门派出记者赴山东对王恩学进行了采访。

就这样，媒体不仅把王恩学和恩学保健公司推向神坛，同时也把王恩学这个小公司老板夸大成了一个"大财神"。

在媒体的光环下，豪气冲天的王恩学买下了菏泽市教育局属下的灵芝制药厂，继续生产雪莲乌鸡素口服液。而后，他又承包了张花园村卫生材料厂，承诺半年后付款100万元。在山东菏泽，王恩学振臂高呼，不知情的农户们便纷纷慷慨解囊，将自己的血汗钱送到王恩学的手里，期望这位"大财神"带领自己脱贫致富。

就这样，在困境中被媒体炒作的王恩学得到了很多甜头，迷失了企业的发展使命，已经没有心思去抓生产和经营。

当雪莲乌鸡素口服液生产出来以后，王恩学把产品扔在厂里不管，忙着跑到济南和北京去找记者为自己搞个人宣传。

仅仅在1994年，王恩学为了搞个人宣传就花了1000多万元，而这笔钱大部分进了媒体的腰包。

王恩学为了竞争1994年度"中国十大改革风云人物"，曾一次性向某协会捐款200万元。而王恩学的宣传费，绝大部分都是从农民那里"集资"来的。王恩学为了一己之名，使无数农民损失惨重。

利用广告手段起家的王恩学不知道，媒体炒作其实是一把双刃剑。当企业如日中天的时候，媒体的褒奖如潮水般涌来，而一旦企业经营不善，媒体的批评也会立即如海水一样，将企业经营者淹没。

在经历炒作的高峰后，王恩学的正面形象也跌到谷底，特别是在王恩学领导下的制药厂垮掉之后，他所承包的卫生材料厂也倒下了。

此刻,拖欠的农民集资款都被王恩学用于个人宣传了,几乎没有偿还的可能。

王恩学在菏泽的声誉一落千丈,从当初的英雄一下子成为人人得而诛之的"骗子"。于是王恩学被迫把阵地转移到了枣庄市。

当王恩学到了枣庄后,依靠自己曾经"显赫"的名声,再一次轻而易举地"搞"到了4000多万元的贷款。

然而,就在这时,王恩学的生命却戛然而止了。他的死,至今是一个谜,有人说是自杀,有人说是他杀……

王恩学死后,有人从他的办公室里找到了他精心保存的历年来新闻媒体对他的报道:1992年11篇,1993年67篇,1994年118篇……

在上述案例中,王恩学在媒体的宣传中尝到了甜头,开始为了一己之名,不惜拿集资的钱做个人宣传,全然忘记了自己企业家的角色。

在这里要告诫一些中国企业家,对于媒体,我们必须客观、正确地对待。适度利用媒体来提升企业的知名度无疑是好的,但是王恩学却忽略了一个致命的问题,那就是在提升知名度之后,必须尽快提升企业的竞争优势,而不是利用媒体的宣传另有所图。

看了这个案例后,相信读者能更加明白任正非的良苦用心。在中国,低调做事被人们所推崇,这样才能增加企业发展与成功的概率。

对于外界的各种猜测,任正非在正式场合回应说:"我为什么不见媒体,因为我有自知之明。见媒体说什么?说好恐怕言过其实;说不好别人又不相信,甚至还认为虚伪,只好不见为好。因此,我才耐得住寂寞,甘于平淡。我知道自己的缺点并不比优点少,并不是所谓的刻意低调。"

任正非希望华为员工安安静静地将工作执行到位,也告诫员工不要参与网上的辩论,那样做"是帮公司的倒忙"。

"静水潜流"其实就是艰苦奋斗

低调、踏实做事、不张扬,不仅是静水潜流的具体体现,同时也是华为发展的一个关键因素。任正非说:"我个人与任何政府官员没有任何私交关系,没有密切的工作伙伴;与中国任何企业家我(都)没有往来,除了联想的柳传志、万科的王石,在 20 年中有过两次交往外;也没有与任何媒体任何记者有交往。我个人的私人生活很痛苦,非常寂寞,找不到人一起玩。和基层员工离得更远一些,为了公司能够平衡,我得忍受这种寂寞,忍受这种孤独。"

在任正非看来,伟大的公司不仅需要低调,还必须艰苦奋斗,因为艰苦奋斗是华为文化的魂,是华为文化的主旋律。在《天道酬勤》一文中,任正非写道:"艰苦奋斗是华为文化的魂,是华为文化的主旋律,我们任何时候都不能因为外界的误解或质疑动摇我们的奋斗文化,我们任何时候都不能因为华为的发展壮大而丢掉了我们的根本——艰苦奋斗。"

在该文中,任正非为什么会提及不能丢掉艰苦奋斗的根本呢?这还得从 2006 年的"胡新宇事件"讲起。

2006 年 6 月,25 岁的华为工程师胡新宇不幸因病去世。公开资料显示,胡新宇 2005 年毕业于成都电子科技大学,硕士学历,毕业后加盟华为,主要从事研发工作。

胡新宇在因病住医院以前,经常加班加点,甚至在公司打地铺过夜。在创业初期,华为的管理体系不完善,加上坚持客户至上的战略,很多员工经常需要工作至深夜,有时就铺一张垫子在办公室休息。这就是华为"床垫文化"的由来。

当胡新宇病故的消息刊载在许多大媒体上时,甚至有些媒体将胡新宇的病故描述为"过劳死",如《纪念胡新宇君》《天堂里不再有加班》《华为员工的命只值一台交换机的钱》等文章,这样的报道无疑将华为推向了舆论的风口浪尖。

为了应对这来势汹汹的危机事件,时任华为公司新闻发言人傅军在接受媒体采访时沉痛地说:

> 胡新宇是一名很优秀的员工,他在工作、生活中都表现得很出色,深受同事们的喜爱。他发病之后,公司的领导一直非常关注,指示要保证他的治疗费用,要不惜一切代价抢救,还从北京请来专家进行会诊。他住院期间,很多同事都去探望并自发捐款希望能留住他,公司上下都为他的不幸去世感到痛心,为新宇的父母失去这样优秀的儿子感到惋惜,对胡爸爸和胡妈妈致以真诚的慰问,在与家属沟通协商后,公司给予家属一定数额的抚恤金。

> 虽然专家诊断的结论是,胡新宇的去世跟加班没有直接的因果关系,但加班所造成的疲劳可能会导致免疫力下降,给了病毒可乘之机。所以这件事情发生之后,公司再一次重申了有关加班的规定:第一是加班至晚上 10 点以后,要领导批准;第二是严禁在公司过夜。

他又说,IT 行业竞争很激烈甚至很残酷,在华为面向全球的拓展中,有一些客户的要求需快速满足。需要一些团队和小组在短期内加班,这不仅仅在华为,在整个 IT 业界都是较为普遍的现象。

即使需要加班,在加完班之后,按公司规定,加班的员工可以随后进行调休,公司也给员工发了温馨提示,希望大家关注身体健康,做到劳逸结合。

公司第一代创业者就像当年美国硅谷的创业者们一样,经常挑灯夜战,甚至在公司过夜,这对当时处于创业期的华为来说是必要的。但创业期和发展期不一样。1996 年之后,因加班而在公司过夜的情况就非常少了。虽然几乎每个员工都有床垫,但那是用来午休的,不是用来在公司加班过夜的。①

傅军解释了床垫文化的真相，但也拉开了批判华为"床垫文化"的浪潮。在媒体一场气势汹涌的声讨中，昔日曾笼罩在层层光环下的"狼性文化"被质疑和批判，媒体将"床垫文化"等同于"狼性文化"，认为这种只顾进攻而不顾人性的文化已经不合时宜。但其实，"床垫文化"是华为艰苦奋斗精神的重要组成部分，它是华为文化的魂，是华为之所以能走到今天最重要的动力，是华为无论何时何地都必须坚持不懈地持有的重要文化。②

在媒体和外界一片声讨中，任正非依然特立独行，有着自己的考量。在《天道酬勤》一文中，任正非回应了媒体的批评：

> 华为走到今天，在很多人眼里看来已经很大了、成功了。有人认为创业时期形成的"垫子文化"、奋斗文化已经不合适了，可以放松一些，可以按部就班，这是危险的。繁荣的背后都充满危机，这个危机不是繁荣本身必然的特性，而是处在繁荣包围中的人的意识。艰苦奋斗必然带来繁荣，繁荣后不再艰苦奋斗，必然丢失繁荣。"千古兴亡多少事，不尽长江滚滚来"，历史是一面镜子，它给了我们多么深刻的启示。我们还必须长期坚持艰苦奋斗，否则就会走向消亡。当然，奋斗更重要的是思想上的艰苦奋斗，时刻保持危机感，面对成绩保持清醒头脑，不骄不躁。
>
> 艰苦奋斗是华为文化的魂，是华为文化的主旋律，我们任何时候都不能因为外界的误解或质疑动摇我们的奋斗文化，我们任何时候都不能因为华为的发展壮大而丢掉了我们的根本——艰苦奋斗。
>
> ......

---

① 叶志卫，吴向阳.胡新宇事件再起波澜 华为称网友误解床垫文化[N].深圳特区报，2006-06-14.

② 龚文波.任正非如是说：中国教父级 CEO 的商道智慧[M].北京：中国经济出版社，2008：191-196.

自创立那一天起,我们历经千辛万苦,一点一点地争取到订单和农村市场;我们把收入都拿出来投入研究开发上。当时我们与世界电信巨头的规模相差200倍之多……

华为在茫然中选择了通信领域,是不幸的,这种不幸在于,在所有行业中,实业是最难做的,而在所有实业中,电子信息产业是最艰险的;这种不幸还在于,面对这样的挑战,华为既没有背景可以依靠,也不拥有任何资源,因此华为人尤其是其领导者将注定为此操劳终生,要比他人付出更多的汗水和泪水,经受更多的煎熬和折磨。唯一幸运的是,华为遇上了改革开放的大潮,遇上了中华民族千载难逢的发展机遇。公司高层领导虽然都经历过公司最初的岁月,意志上受到一定的锻炼,但都没有领导和管理大企业的经历,直至今天仍然是战战兢兢、诚惶诚恐的,因为十余年来他们每时每刻都切身感悟到做这样的大企业有多么难。多年来,唯有更多身心的付出,以勤补拙,牺牲与家人团聚、自己的休息和正常的生活,牺牲了平常人都拥有的很多的亲情和友情,消耗了自己的健康,经历了一次又一次失败的沮丧和受挫的痛苦,承受着常年身心的煎熬,以常人难以想象的艰苦卓绝的努力和毅力,才带领大家走到今天。

18年来,公司高层管理团队夜以继日地工作,有许多高级干部几乎没有什么节假日,24小时不能关手机,随时随地都在处理随时发生的问题。现在,更因为全球化后的时差问题,总是在夜里开会。我们没有国际大公司积累了几十年的市场地位、人脉和品牌,没有什么可以依赖,只有比别人更多一点奋斗,只有在别人喝咖啡和休闲的时间努力工作,只有更虔诚地对待客户,否则我们怎么能拿到订单?

为了能团结广大员工一起奋斗,公司创业者和高层领导干部不断地主动稀释自己的股票,以激励更多的人才加入这从来没有前人做过和我们的先辈从未经历过的艰难事业中来,我们一起追寻着先辈世代繁荣的梦想,背负着民族振兴的希望,一起艰苦跋涉。公司高层领导的这种奉献精神,正是用自己生命的微光,在茫茫黑暗中,带领并激励着大家艰难地前行,无论前路有多少困难和痛苦,有多少坎坷和艰辛。

中国是世界上最大的新兴市场,因此,世界巨头都云集中国,公司创立之初,就在自己家门口碰到了全球最激烈的竞争,我们不得不在市场的夹缝中求生存;当我们走出国门拓展国际市场时,放眼一望,所能看得到的良田沃土,早已被西方公司抢占一空,只有在那些偏远、动乱、自然环境恶劣的地区,它们动作稍慢,投入稍小,我们才有一线机会。为了抓住这最后的机会,无数优秀华为儿女离别故土,远离亲情,奔赴海外,无论是在疾病肆虐的非洲,还是在硝烟未散的伊拉克,或者海啸灾后的印尼,以及地震后的阿尔及利亚……到处都可以看到华为人奋斗的身影。我们有员工在高原缺氧地带开局,爬雪山,越丛林,徒步行走了8天,为服务客户无怨无悔;有员工在国外遭歹徒袭击头上缝了三十多针,康复后又投入工作;有员工在飞机失事中幸存,惊魂未定又救助他人,赢得当地政府和人民的尊敬;也有员工在恐怖爆炸中受伤,或几度患疟疾,康复后继续坚守岗位;我们还有3名年轻的非洲籍优秀员工在出差途中飞机失事不幸罹难,永远地离开了我们……

18年的历程,十年的国际化,伴随着汗水、泪水、艰辛、坎坷与牺牲,我们一步步艰难地走过来了,面对漫漫长征路,我们还要坚定地走下去。

《天道酬勤》一文刊发在华为公司内部刊物《华为人》(第178期)2006年7月21日的头版头条上,任正非在文中回顾了华为艰苦奋斗的传统和不断积极进取的危机意识。再次重申"不奋斗,华为就没有出路"的指导思想。

有研究者甚至认为,该文也是对网络热炒"过劳死""床垫文化"等指责的非正式回应,同时,在内部员工层面形成了高度统一的认识。随着这篇文章的流传开来,华为对"艰苦奋斗"精神的坚持很快赢得了社会公众的支持,而原先网络上的指责之声也逐渐沉寂了下去。一场公关危机从万夫所指到后来的逐渐平息,显示了任正非在处理企业危机时的果敢与坚决。①

---

①　龚文波.任正非如是说:中国教父级 CEO 的商道智慧[M].北京:中国经济出版社,2008:191—196.

第六部分　亢龙有悔

> 　　成功是一个讨厌的教员,它诱使聪明人认为他们不会失败,它不是引导我们走向未来的可靠的向导。华为已处在上升时期,它往往会使我们以为8年的艰苦奋战已经胜利。这是十分可怕的,我们与国内外企业的差距还较大,只有继续艰苦奋斗,长期保持进取、不甘落后的态势,才可能不会灭亡。繁荣的背后,处处充满危机。
>
> ——任正非

第十八章　没有成功，只有成长

　　从创立到现在，依靠创新和过硬的技术，任正非领导华为一路高歌，从交换机到无线基站，从手机到企业网，规模越做越大。2013 年，华为实现销售收入 2390 亿元人民币，同比增长 8.5％。

　　在外人看来，华为已经很成功，但任正非认为："经九死一生还能好好地活着，这才是真正的成功。华为没有成功，只是在成长。"他在一次演讲中说："2002 年 IT 泡沫破灭时，华为也濒于破产，但我们及时转变，在别人削减投资的领域，加大了投资。今天的华为已经有更好的条件，我们应更有信心超越，超越一切艰难险阻，更重要的是超越自己。"

优秀是伟大的敌人

　　当华为取得不错的经营业绩时，面对媒体潮水般的掌声，任正非却异常冷静。在任正非看来，华为仅仅高速发展了 20 多年，还不能算是一家成功的企业，像便宜坊、茅台、全聚德、同仁堂这样能够成就百年基业的长寿企业，才有资格称得上是成功的企业。

　　对于任何一个企业而言，不管其发展前景如何，都会被企业的边界所限制。在这样的前提下，目前世界上还没有一个超过 1500 年的企业。因此，风云一时的企业可能如同天空划过的流星一样，虽然绚烂，却不过是过眼云烟。

持此类观点的还有海尔集团董事局主席、首席执行官张瑞敏。2014 年 8 月 23 日下午，张瑞敏在中欧国际工商学院 20 周年校庆"大师课堂"系列活动上，发表了题为"互联网时代的管理模式创新探索"的演讲："在海尔的字典里，没有'成功'这两个字。其实，所有企业的成功都只不过是踏上了时代的节拍，踏准了就成功了，正所谓'台风来了猪都会飞'。所以，有的人成功了，自己都不知道为什么成功。但是，我们是人，不是神，不可能永远踏准时代的节拍，就像冲浪能永远冲在最高峰吗？不可能。所以，问题就变成如何才能真正赶上这个时代的节拍。那些百年企业是如何做到'基业长青'的？我认为，百年企业就是通过'自杀'重生——你不能'自杀'，就会被'他杀'，被时代所'杀'。"

张瑞敏的忧虑是有根据的。如果举办道琼斯工业平均指数（Dow Jones Industrial Average，DJIA）诞生 100 周年庆典，有资格参加该活动的只有美国通用电气公司。

对于当下的传统企业来说，积极互联网化可能会带来新的发展机遇，否则就可能会被互联网时代抛弃。张瑞敏告诫传统企业经营者："只能我们去适应时代，时代不可能适应我们。现在最有说服力的案例就是手机：一开始摩托罗拉是老大，很快诺基亚超越了它，后来苹果又超越了诺基亚。为什么？时代使然。摩托罗拉是模拟时代的代表，诺基亚则是数码时代的代表，摩托罗拉的被超越在本质上是被数码时代淘汰了，而诺基亚则被互联网时代淘汰了。总之，时代发展太快，谁也抗拒不了时代的发展，只能去顺应它。"

张瑞敏的观点是非常客观的，即使创办于公元 578 年的金刚组也依然在成长中。提及金刚组，其大名早已远播世界，它是一家日本建筑公司，有 1000 多年的历史，是世界上现存的最古老的家族企业。1955 年，金刚组转以有限公司的方式进行经营，然而，由于涉足房地产开发，之后陷入经营困境。2006 年 1 月，新金刚组放弃地产建设的业务，转回建设寺庙的老本行。

位于日本大阪的四天王寺被视为日本飞鸟时代的代表建筑，期间经历七次破坏，屡被修补，至今香火鼎盛，而金刚组的历史就是从建造四天王寺开始的。

公元 578 年（日本敏达天皇 6 年），日本用明天皇的皇子圣德太子为庆祝灭掉 6 世纪时期的废佛派执政官——物部守屋，祈求法神四天王庇佑佛法及信众，于是下令修建四天王寺。

时值日本飞鸟时代，兴建四天王寺需要最尖端的技术。圣德太子下令从韩国百济招请匠人柳重光，兴建四天王寺。

远在朝鲜半岛的金刚组鼻祖柳重光作为技师被委以重任。在日本书纪中，就有为建难波之寺，自百济国招来造寺工匠的记载。[1]

在金刚组的发展历史中，主要业务还是以建造佛寺为主。公元 607年，金刚家族设计并建造的法隆寺，让金刚家族名声显赫。可以说，法隆寺建筑达到了日本木造建筑的高峰。四天王寺和法隆寺的构筑施工方法至今还在沿用。其设计和建造方法都记录在金刚组《施工方法汇编》一书里。

由于四天王寺和法隆寺修建的影响，柳重光的子孙亦备受重视，由他们组成的金刚组，至今已传至第 40 代（"堂主"相当于总裁一职）。金刚组的企业架构分成多个小组，约 5～8 人为一组，各组保持独立性，互相竞争。小组会集中改良现有技术，接单时总部会评估各组的能力，以此决定由哪一组承办工作。他们能将一根水泥柱建得像木柱一样美观实用。

金刚家族第 40 代堂主金刚正和在接受媒体采访时坦言："我们公司能生存这么久其实没有什么秘密。正如我常说的，坚持最最基本的业务对公司来说非常重要。"

在金刚正和看来，无论是经济繁荣还是衰退，专注于自己的核心业务

---

[1] 参考 NHK（日本放送协会）的纪录片《日本企业长盛不衰的奥秘》。

永远是生存之道。正是因为专注于寺庙建设，金刚组才得以发展至今。

资料显示，在金刚组的发展过程中，由于社会的变迁，也曾历经多次危机，甚至有许多次差点倒闭。

金刚组的第一次危机是在19世纪的明治维新后，由于日本明治政府强化脱亚入欧（即全面西化），导致了日本人公开反对佛教运动，许多寺庙被毁掉，而金刚组无疑经营惨淡。

金刚组的第二次危机是在1934年，当时金刚组传至第37代，世袭传人却无意经营寺庙的建设和修建，金刚家族只好任命第37代嫡孙之妻担任"堂主"，这才避免了金刚组的解散。

金刚组的第三次危机是在第二次世界大战期间，由于日本政府发动了侵略战争，而金刚组差点倒闭，通过制造军用木箱，这才挺过日本侵略战争时期。

金刚组的第四次危机是在20世纪90年代，由于日本泡沫经济破灭，金刚组的经营异常困难。1955年，金刚组开始扩张，除建造寺庙、庭园外，还涉足一般建筑的修建，由于过度扩张，造成庞大的负债。

泡沫经济破灭之后，日本经济严重衰退，购买力相对下降，而负债巨大的金刚组终于在2006年宣布清盘，资产由高松建设2005年11月创建的同名子公司金刚组接管，金刚组重回老本行，专做寺庙建筑。在清盘前，金刚组2005年财政年度收入为75亿日元，有100名员工，负债额为40亿日元。日本媒体纷纷报道此事。

作为世界第一的长寿企业，金刚组为什么会因负债累累而面临经营危机，一时间甚至濒于破产边缘呢？

面对这个问题，金刚组第39代会长金刚利隆坦言，原因在于公司没能恪守祖传的戒律。在金刚组的家训中明确谈道："必须把精力集中在长年来从事的神社佛阁的工作，不可不自量力，提倡埋头本行，严戒盲目多样化经营的这个经营哲学被忽视了。"金刚利隆坦言："这叫遗言书，都是必须遵守的东西。"

到了 21 世纪，日本的寺院开始用水泥建筑来替代木质建筑，原因在于木制建筑改造费用过于昂贵。

为了维持金刚组的市场份额，金刚利隆会长开始跻身水泥建筑业，然而由于大承包商势力强大，不怕激烈的价格竞争，金刚组不得不亏本承接工程，结果导致了巨额的亏损。为填补亏损，金刚组又涉足公寓建设，使得经营雪上加霜。

为了了解真实的投资决策，日本放送协会采访金刚利隆会长时问道："原本在神社佛阁方面明明拥有一技之长，却参与了并不拿手的公寓之类的（建设），而那是劲敌的地盘。有竞争对手，结果怎样呢?"①

金刚利隆承认："有点招架不住了，但还是想要赢，只好再降价。比如三亿元的工程，两亿五千万元就接下来了。结果赤字越来越大。"

金刚组原本应该在自己最擅长的领域发挥所长，就像金刚组遗言书所言，"在力所能及的范围内决胜负"。对此，金刚利隆反思道："都因为我这样子，过于出头露角了。大家认为这样不行。"

在金刚组的发展中，由于脱离了自己擅长的领域，结果引发了危机。专心致志秉持老本行之重要和艰难，由此可见一班。②

资料显示，金刚组如今在日本大阪当地建筑公司的援助下，已经重建。而重建后的金刚组决心重新立足本行，开拓业务。

金刚组的 100 多名庙宇木匠并没有因为金刚组遇到经营危机就辞职，而是致力于让传承千百余年的技艺和士气薪火相传。其中一位木匠在接受日本放送协会的采访时坦言："（先人）一千多年前来到日本。他们的技术今天仍在被使用，后人师承的技术我们要一直传下去。我传给纯志，纯志再传给他的徒弟，一直传下去。这已经持续一千年了。这种技术当然不能让它失传，必须好好保护传统的东西。"

这种信念使得 100 多名木匠能够齐心协力地靠老本行创出业绩。金

---

①②　参见 NHK 的纪录片《日本企业长盛不衰的奥秘》。

刚组已经着手宣传木造建筑的经久耐用性,因为他们积累了大量的木质建筑的修复技术。

在木造建筑修复过程中,金刚组建议,没有必要将木结构改为水泥结构,木结构同样也能长久地维持,同时还能降低维护费用。有些在外表上无法发现的建筑破损,只要经过专家的锐眼辨别,就能找出需要修复的部位。

即使是建了300年的寺院天花板上的木材折断了,根据专家的判断,也是完全可以修复的。在金刚组的木匠看来,经过修复的木造建筑依然可以重获新生。比起寿命为100年左右的水泥来,木造建筑更加结实坚固。

金刚组宫大工金谷雅宏(从事神社佛阁的建筑、补修的木匠)说:"凡我们经手的建筑必须最少维持150年,依靠我们的技术使它重获新生。在寺院漫长的历史中,重现这小一段时期的原貌传给后人。希望将来成为文化遗产。"

重回本行的金刚组,其名声在寺庙间逐渐传开,业绩也开始有了起色。不过,金刚组营业课长芦田建司在接受日本放送协会的采访时坦言:"不能因为价格竞争激烈就随波逐流。这样会丢失我们的个性,还是应该持之以恒。金刚组的个性,我们的特性,绝对不能忘记。要一直坚持下去,过去是这样,现在也是,未来也是如此。"

从日本放送协会的纪录片中不难看出,拥有1400多年历史的金刚组,除了短暂从事过现代民用建筑行业之外,一直坚持用传统技法修建日式寺庙、园林,这令金刚组成为日本古建筑领域最权威的公司。

事实证明,历经漫长历史的长寿企业,其共同点都是重视本行当,长期积累。① 正是金刚组公司重视本业,世界上最古老的家族企业的宝座才名正言顺。当然,日本长寿企业的经营者往往采用"细水长流,连绵不绝,不追求眼前利益"的经营理念。

---

① 参见 NHK 的纪录片《日本企业长盛不衰的奥秘》。

对此,长寿企业研究专家在接受日本放送协会采访时坦言:"重操本行的金刚组做出了正确的选择。这就是'制造东西'的精神,用自己灵巧的双手制作东西,而现在的社会也为他们提供了施展才华的机会。要说优势在哪里的话,能使这些人的才能和经验得到百分之百的发挥,这才是事业成功最重要的因素。"

没有成功,只有成长

在最近几年时间里,一些全球知名跨国企业从辉煌的巅峰坠落到谷底,它们曾经在全球市场上风光无限,一度赢得消费者的热捧。然而,在经历了不同的危机和相似的起落后,最终归于沉寂。

我们耳熟能详的诺基亚,终在智能手机市场折戟沉沙;曾经一度依靠模仿诺基亚和苹果外观设计的三星电子,也开始显露疲态;在互联网思维大行其道时,成功博得众人眼球的西少爷肉夹馍逐渐被人遗忘;海底捞这个曾经一度被奉为服务业标杆的企业,如今也面临重重危机……

可能读者会问,似乎企业遭遇波折是必然,获得荣耀才是偶然,这些风光一时的企业为什么会陷入如此让人大跌眼镜的境况呢?

在回答这一连串的问题之前,我们不得不提及企业生命周期的概念,因为所有企业都会面对从创业到倒闭这个必然的历程。据公开资料显示,中国民营企业的生命周期平均只有 3.7 年。消费者常被"基业长青"这个概念所蒙蔽,认为"基业长青"是大部分企业的常态。

其实这样的认识是不客观的。企业在经营过程中往往充斥着高风险,可能遭遇诸多不可预知的艰难险阻。企业持续的荣耀和基业长青只是极少数幸运者才能遇到。这就要求企业经营者必须有一个理性的认知:长期的荣耀是"非常态",而经历挫折乃至覆灭的结局才是企业经营的"常态"。有了这样一个基本的心理准备,我们才能够冷静地看待企业的跌宕起伏。

那些曾经被我们视为标杆的企业,经历困窘是多么正常。

另外,新闻媒体对这些企业不合理的吹捧,引发大众追捧,也让我们产生一种幻觉:这些曾经成功的弄潮儿会一直成功下去;它们曾经被曝光的管理奇迹,就是管理的真谛;这些曾经成功的企业,就应该延续成功的神话……①

在这样的背景下,歌舞升平的形象在企业中传递开来,一旦取得一点成绩,就大书特书其成功的经验,甚至花大钱邀请哈佛大学商学院来撰写案例。这样做只能加剧企业倒下的步伐,而不是持续发展。

任正非理性地认识到了这个问题,当华为势如破竹般高速行军时,他非常低调,因为在他的意识中,华为距离成功还很遥远,只不过是取得了一点成绩而已。

据公开的任正非在华为内部的讲话可以看到,"危机""冬天""客户"这样的字眼很多,但是几乎找不到"成功"二字。

在一次内部讲话中,任正非告诫华为人:"成功是一个讨厌的教员,它诱使聪明人认为他们不会失败,它不是引导我们走向未来的可靠的向导。华为已处在上升时期,它往往会使我们以为8年的艰苦奋战已经胜利。这是十分可怕的,我们与国内外企业的差距还较大,只有继续艰苦奋斗、长期保持进取、不甘落后的态势,才可能不会灭亡。繁荣的背后,处处充满危机。"

在"2014商业评论大会——中国TOP 50实战案例复盘暨第八届'管理行动奖'颁奖盛典"上,新希望六和股份有限公司联席董事长兼首席执行官陈春花谈到了华为:"很多人在问我,说我的公司有30年历史,核心竞争力很强大,我就说忘掉它吧。我们都知道为什么华为有竞争力,因为在华为的逻辑里面只有成长没有成功,它从来没有讲过成功,一直在讲成长。我回到新希望六和,他们问我新希望六和有什么,我说我们只走在成长的路上。我想这就是我们要讨论的事情。在今天来讲你一定要从外边往里

---

① 许正.企业靠什么维持荣耀和基业常青[N].商界,2015(4).

看,而不是从里往外看,你只有从外往里看的时候才能找到真正的发展方向。"

陈春花的理由是:"这个从外向内看的原则很简单,第一个你从外审视你的企业;第二,不断扩大对市场、对行业的理解;第三,一定要利用真正的细分来明确顾客需求;最后一个是你的能力,特别是核心能力要不断地重新构建,只有不断地重新构建、打磨这些能力的时候才可以做到。"

陈春花在总结了任正非的管理思想后撰文指出:"成功=没有成功,只有成长。"陈春花研究发现,那些成功企业,总结下来基本都是在以下四个方面做得很好:第一,创新;第二,有非常强的危机意识;第三,最高领导者的坚持;第四,明白顾客需要的就是企业的真正追求。①

事实证明,所有企业的成功只是顺应了历史的发展,即使是日本的百年企业也不例外。日本雅马哈(Yamaha)品牌在中国的知名度较高,但很少有中国读者知道,雅马哈于1887年在日本滨松创办。

雅马哈集团创始人山叶寅楠(Torakusu Yamaha)生于1851年,死于1916年。山叶寅楠年轻时处于西学东渐的氛围中,非常熟悉西方的科学技术。

1887年,山叶寅楠只不过是一名医疗器械修理工。然而,正是由于拥有医疗器械修理工的背景,在日本滨松寻常小学(现为元城小学),山叶寅楠居然修复了一台风琴。

从那以后,山叶寅楠对风琴产生了浓厚的兴趣并开始制造风琴。出于对风琴事业的喜爱以及对风琴制造的自信,山叶寅楠排除万难,于1889年创建了山叶风琴制造所。

1907年,山叶寅楠创办了日本乐器制造株式会社,也就是雅马哈集团的前身。山叶寅楠凭借着上进心、远见卓识和办事果断的风格,取得了成

---

① 2014年12月5日,陈春花教授在深圳"2014商业评论大会"上发表了题为"变化时代的经营选择"的主题演讲。

功。这些奠定了雅马哈品牌的基础,也是今天雅马哈集团重要的精神财富。

如今的雅马哈集团,产品从钢琴、电子琴、合成器等键盘乐器,到铜管、木管等管乐器,再到小提琴、大提琴等弦乐器,以及所有的打击乐器,直至高级的专业音响设备都有涉及。同时,雅马哈还是一个经营音乐普及事业、体育用品、厨房卫浴用品、发动机等其他各种产品的综合性国际集团,见下图。

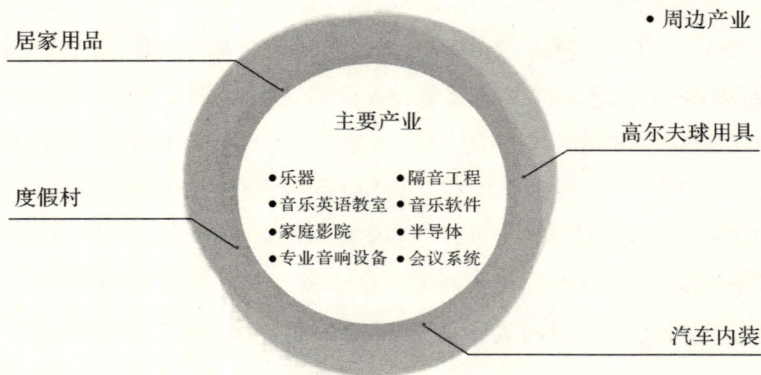

雅马哈集团事业图

尽管雅马哈的发展较为顺利,但也走过弯路。作为世界最大的乐器厂商的雅马哈,同样也是经历数次变革后重归本业,获得新生。

雅马哈除制造乐器以外,也曾向其他领域推进,并因此走过一段噩梦般的多元化阶段。其多元化涉及整体厨房、休闲娱乐、体育业、半导体等多个领域和行业。

由于盲目多元化,使得雅马哈在乐器这个主业慢慢地淡出顾客的视野。从20世纪90年代中期开始,人们几乎忘记了雅马哈是一家乐器公司,一度把它当作电子零部件厂家,很多中国人就曾以为雅马哈是生产摩托车的。这些业务模糊了雅马哈的定位,许多部门的经营并没有取得预期的效果，这导致了雅马哈在 1999 年度和 2000 年度连续出现赤字。

2000 年 4 月，伊藤修二出任雅马哈集团公司总裁，他一上任，就开始呼吁回归"经营音乐和乐器"的本业，推进重建经营体制。

这一举措让雅马哈重获新生。其结果是，雅马哈在最近的两个年度决算中，收益创历史新高。① 譬如，一度因脱离音乐而导致经营危机的半导体事业，因为抓住了手机彩铃这个潜力巨大的蓝海市场而得到复苏。

对此，日本放送协会记者幸田真音坦言："企业也是要摸索试验的，遇到没有自信的时候，有时就很容易忘记自身原有的优势，如果能把自己的优势时刻牢记在心，就不会丧失信心，重新拥有自豪感，重返起跑线。拥有这种有利条件，正是这些企业的优势所在。一直保持这些东西，即使有时忘记了一些，但还是能返回原地，拥有这种有利条件的企业就能够长盛不衰。"

雅马哈的案例提醒中国企业经营者，任何一个企业的生存和发展都是动态向前的，即使一时取得了较好的业绩，也只是暂时的，绝对不能以此作为炫耀的资本。一旦放弃了企业的发展，今天还在《财富》世界 500 强的企业，明天就可能要申请破产。

任正非非常明白这个道理，在很多时候，他都告诫华为人，华为离成功依然很远。即使在高速发展的 2005 年，他也同样保持这样的态度对华为人说："我们始终认为华为还没有成功，华为离成功还很远，华为的国际市场刚刚有了起色，所面临的外部环境比以往更严峻。海外很多市场刚爬上滩涂，随时会被赶回海里；产业和市场风云变幻，刚刚积累的一些技术和经验又一次面临自我否定。在这关键时刻，我们不能分心，不能动摇甚至背弃自己的根本，无论现在、还是将来，我们除了艰苦奋斗还是艰苦奋斗。"②

---

① 江南时报编辑部.日本"老字号"长寿之道.江南时报[N],2008-09-03.

② 任正非.实事求是的科研方向与二十年的艰苦努力——任正非在国家某大型项目论证会上的发言[N].华为人,2006(182).

任正非的忧虑是有道理的,对于企业经营者而言,取得短暂的胜利还不是举杯欢庆的时候,可能此刻危机已经在靠近,只有居安思危、再接再厉,才能真正地把企业做成百年老店,否则,就可能如同天上的流星一样,虽然绚丽,却很短暂。

正如美国著名管理专家吉姆·柯林斯(Jim Collins)所言:"优秀是伟大的敌人。这正是这个世界上伟大的东西这么少的重要原因之一。我们没有伟大的学校主要是因为我们有优秀的学校;我们没有伟大的政府主要是因为我们有优秀的政府;很少人能经历伟大的人生,这主要是因为我们能比较轻松地获得不错的生活。同样,大部分公司没有成为伟大的公司,主要是因为它们相对比较优秀——这正是它们的主要问题。"

第十九章　开放合作，实现共赢

在国际化拓展的过程中，低调的任正非一改过去不接受采访的做法，于 2014 年 5 月 2 日在英国伦敦，接受了数家媒体的联合采访。面对媒体记者的追问，任正非反复地强调一个关键词——开放。

在任正非看来，开放是促进进步的力量。邓小平所推动的改革开放，其实核心就是向西方学习开放。华为内部决策绝大部分都放在网上，这些内容不止公司员工可以看到，外部也都可以看到，"我们有些决策也遭受外部的批评，当别人批评的时候，我们知道决策有错误，就要纠正"。正是因为坚持开放，才促进了华为的高速发展。任正非说："华为之所以能进步到今天，与华为本身的开放有关。"

不开放，华为就会死

在当下的商业竞争中，只有开放与合作才能真正地实现共赢，赢得生存机会。华为一直坚持开放心态，绝不因为坚持某些优势而变得封闭。任正非多次强调："我们一定要建立一个开放的体系，特别是硬件体系更要开放。我们不开放就会死亡。"

2012年7月2日,任正非与华为"2012(挪)亚方舟实验室"专家召开座谈会并回答了与会人员的提问,终端OS开发部部长李金喜问任正非:"我来自中央软件院欧拉实验室,负责面向消费者BG构建终端操作系统能力。当前在终端OS(操作系统)领域,Android、iOS、Windows Phone 8 三足鼎立,形成了各自的生态圈,留给其他终端OS的机会窗已经很小,请问公司对终端操作系统有何期望和要求?"

任正非的问答却让李春喜诧异:"如果说这三个操作系统都给华为一个平等权利,那我们的操作系统是不需要的。为什么不可以用别人的优势呢?微软的总裁、思科的CEO和我聊天的时候,他们都说害怕华为站起来,举起世界的旗帜反垄断。我跟他们说我才不反垄断,我左手打着微软的伞,右手打着思科的伞,你们卖高价,我只要卖低一点,也能赚大把的钱。我为什么一定要把伞拿掉,让太阳晒在我脑袋上,脑袋上流着汗,把地上的小草都滋润起来,小草用低价格和我竞争,打得我头破血流?

"我们现在做终端操作系统是出于战略的考虑,如果他们突然断了我们的粮食,Android系统不让用了,Windows Phone 8 系统也不让用了,我们是不是就傻了? 同样的,我们在做高端芯片的时候,我并没有反对你们买美国的高端芯片。我认为你们要尽可能地用他们的高端芯片,好好地理解它。他们不卖给我们的时候,我们的东西稍微差一点,也要凑合能用上去。

"我们不能有狭隘的自豪感,这种自豪感会害死我们。我们的目的就是要赚钱,是要拿下上甘岭;拿不下上甘岭,拿下华尔街也行。我们不要狭隘,我们做操作系统,和做高端芯片是一样的道理。主要是让别人允许我们用,而不是断了我们的粮食;断了我们粮食的时候,备份系统要能用得上。"

华为之所以能从当年三十门、四十门模拟交换机的代理商走到今天,是因为华为人拥有将军的长远眼光。在调整的过渡时期,华为呼唤更多有战略眼光的人走向管理岗位。

对此，任正非在内部会上坦言："我们看问题要长远，我们今天就是来赌博，赌的就是战略眼光。华为现在做终端操作系统是出于战略的考虑……

"我们今天的创造发明不是以自力更生为基础的，我们是一个开放的体系，向全世界开放。作为一个开放的体系。我们还是要用供应商的芯片，主要还是和供应商合作，甚至优先使用它们的芯片。我们的高端芯片主要是容灾用。低端芯片哪个用哪个不用这是一个重大的策略问题，我建议大家要好好商量研究。如果我们不用供应商的系统，就可能为华为建立了一个封闭的系统，封闭系统必然要能量耗尽，要死亡的。"

正是因为任正非坚持开放战略，华为才得以快速发展。不管是1976年诺贝尔经济学奖获得者米尔顿·弗里德曼（Milton Friedman）提出的"地球是平的"，还是当下的"互联网思维"，其共同的特性就是开放、合作，才能实现共赢。

在这样的背景下，华为的生存和发展也不例外，只有坚持开放、合作，才能赢得客户的认可。一味地靠挤压合作伙伴来获得发展的路径，被任正非称为"黑寡妇"蜘蛛。

"黑寡妇"蜘蛛可能是世界上声名最盛的毒蜘蛛了，其声名远扬并不是因其毒性，而是因为它的雌性虫会在和雄性虫交配过程中吃掉雄性蜘蛛，为自己孵化幼虫提供营养。因此，民间把这种毒蜘蛛取名为"黑寡妇"。

任正非以"黑寡妇"蜘蛛来比喻在企业的发展中，有的经营者一味地靠挤压合作者的利润来获得发展，结果合作者被其吃掉。为此，在2010年PSST体系干部大会上，任正非为"以客户为中心，加大平台投入，开放合作，实现共赢"为题发表演讲，强化开放、合作、共赢的新思维。

任正非说："在最近的人力资源管理纲要研讨会上，我讲了要深刻理解客户，深刻理解供应伙伴，深刻理解竞争对手，深刻理解部门之间的相互关系，深刻理解人与人之间的关系，懂得开放、妥协、灰度。我认为任何强者都是在均衡中产生的。我们可以强大到不能再强大，但是如果一个朋友都没有,我们能维持下去吗？显然不能。我们为什么要打倒别人,独自来称霸世界呢？想把别人消灭、独霸世界的成吉思汗和希特勒,最后都灭亡了。华为如果想独霸世界,最终也是要灭亡的。我们为什么不把大家团结起来,和强手合作呢？我们不要有狭隘的观点,想着去消灭谁。我们和强者,要有竞争也要有合作,只要有益于我们就行了。"

在任正非看来,开放、合作、共赢才是企业经营的终极哲学。当华为日渐壮大之后,无疑会遭到行业的批评。为了维护业界的生态,任正非态度鲜明地指出:"华为跟别人合作,不能做'黑寡妇'。黑寡妇是拉丁美洲的一种蜘蛛,这种蜘蛛在交配后,母蜘蛛就会吃掉公蜘蛛,作为自己孵化幼蜘蛛的营养。以前华为跟别的公司合作,一两年后,华为就把这些公司吃了或甩了。我们已经够强大了,内心要开放一些,谦虚一点,看问题再深刻一些。不能小肚鸡肠,否则就是楚霸王了。我们一定要寻找更好的合作模式,实现共赢。研发还是比较开放的,但要更加开放,对内、对外都要开放。想一想我们走到今天多么不容易,我们要更多地吸收外界不同的思维方式,不停地碰撞,不要狭隘。"

开放是华为生存下来的基础

在华为内部的会议上,任正非多次提及开放。可能读者会问,华为为什么要开放呢？任正非是这样解释的:"华为天生有许多约束条件,民营企业、无资本、无背景、无历史,创始团队中无一人有过企业管理的经验,这些都迫使华为必须走开放之路,尤其在面对国际市场的时候,封闭自我就会被踢出游戏之外。"

任正非坦言,华为过去就是一个典型的"黑寡妇"形象,与华为合作过的伙伴都没有好下场,这样的合作态势只会给华为带来越来越多的敌人,而不是同盟者。

如何解决华为的开放问题成为任正非不得不迈过的坎。有一次出差到四川，受李冰父子修建都江堰的启发，任正非得出"深淘滩，低作堰"的战略思想。"深淘滩"即强化管理、挖掘潜力，不是靠规模，靠物质投入来实现高增长，而是靠人均效率的持续增长。华为人均效率的持续提高，靠对标来衡量将这个差距缩小，就是'深淘滩'，挖掘自己；"低作堰"即不到处建拦水坝，而是把利润与利益相关者分享，形成同盟。未来的竞争是产业链的竞争，而不是一个个企业的竞争，分离利益就是做战略储备。

任正非成立的"2012（挪）亚方舟实验室"就是从文化制度、产品层面和组织层面来培养意见，有些意见在目前看起来像是歪理邪说，未来可能就是正确的，这就是一种开放态度；华为实行鲜花一定要插在牛粪上的战略，这个牛粪，可以是华为的牛粪，也可以是别的牛粪，不封闭起来自娱自乐搞创新，这就是一种开放心态；创新的导向就是市场成功，市场成功的评价标准是客户需求，华为用了很多年的时间消灭工程师文化，也是一种开放。

2012 年 7 月 2 日，任正非与华为"2012 诺（挪）亚方舟实验室"专家展开座谈会，产品工程技术规划部部长刘燊问任正非："我们在面向未来和自主创新的时候是特别强调科学民主的精神，但是长期以来华为公司属于思想高度对齐、执行力强的管理风格，这是有一些矛盾的。请问您对于 2012 实验室的组织氛围的梦想是什么，基于这个梦想，您对管理者和专家分别有哪些期望？"

任正非回答说："第一，我要纠正你的说法，关于自主创新的问题，自主创新就陷入熵死里面，这是一个封闭系统。我们为什么要排外？我们能什么都做得比别人好吗？为什么一定要自主？自主就是封建的闭关自守，我们反对自主。第二，我们在创新的过程中强调只做我们有优势的部分，别的部分我们应该更多地加强开放与合作，只有这样我们才可能构建真正的战略力量。我们是非常支持异军突起的，但要在公司的主航道上才好。我们一定要避免建立封闭系统。我们一定要建立一个开放的体系，特别是硬件体系更要开放。我们不开放就会死亡，如果我们不向美国人民学习他们的伟大,就永远战胜不了他们。"

在任正非看来:"开放是公司生存下来的基础,如果我们公司不开放,我们公司最终会走向死亡,开放要以自己的核心成长为基础,加强对外开放合作,华为坚持开放的道路不动摇,开放是我们的出路。华为提出公司的运作是耗散结构,应该让公司在稳定与不稳定、平衡和不平衡间交替进行,这样的公司才能保持活力。公司长期推行的管理结构,就是一个耗散结构,有能量一定要把它消耗掉,使我们自己获得新生。如果不能开放,这个组织就没有能量交换,就缺乏活力。"

当今的世界是一个开放的世界,任何企业一旦追求封闭,就是自寻死路。在 20 世纪末,康柏电脑的开放策略打败了不可一世的 IBM 的封闭战略;谷歌安卓系统的开放打败了微软的封闭战略;华为的开放打败了思科……

在开放的大势下,任正非在公开场合坦言,华为坚决不做"堂吉诃德"。当遭遇美国的贸易壁垒时,任正非是这样回应的:"多年来美国一部分人,一部分媒体,长期歪曲、攻击我们,说明我们的美丽已经让他们嫉妒……我们要以此为自豪、为信心,我们要更加投入,使我们美丽、更美丽。平等的基础是力量。"

在 2010 年 PSST 体系干部大会上,任正非告诫华为人:"华为的发展壮大,不可能只有喜欢我们的人,还有恨我们的人,因为我们可能导致了很多个小公司没饭吃。我们要改变这个现状,要开放、合作、实现共赢,不要一将功成万骨枯。比如,对于国家给我们的研究经费,我们不能不拿,但是我们拿了以后,是否可以分给其他需要的公司一部分,把恨我们的人变成爱我们的人。前 20 年我们把很多朋友变成了敌人,后 20 年我们要把敌人变成朋友。当我们在这个产业链上拉着一大群朋友时,我们就只有胜利一条路了。"

在任正非看来,只有开放、合作,才能实现共赢。任正非说:"'开放、合作、实现共赢',就是团结越来越多的人一起做事,实现共赢,而不是共输。我们主观上是为了客户,一切出发点都是为了客户,其实最后得益的还是我们自己。有人说，我们对客户那么好，客户把属于我们的钱拿走了。我们一定要理解'深淘滩，低作堰'中还有个低作堰。我们不要太多钱，只留着必要的利润，只要利润能保证我们生存下去。把多的钱让出去，让给客户，让给合作伙伴，让给竞争对手，这样我们才会越来越强大，这就是'深淘滩，低作堰'，大家一定要理解这句话。这样大家的生活都有保障，就永远不会死亡。"①

开阔心胸看世界，世界慢慢都是你的

当华为的国际化战略有条不紊地进行时，任正非也在规划着华为的未来。他没有因华为的业绩节节高升而沾沾自喜，也没有因为超越爱立信而自我封闭。任正非认为只要学会给盟友分蛋糕，用开阔的心胸看世界，世界慢慢都是你的。

2014 年 9 月 5 日，任正非在无线业务汇报会议上说："近期一些运营商的整合对华为是有利的，诺基亚和微软的合并对华为也是有利的。诺基亚将成为世界上最有钱的设备制造商，很有可能就从后进走向先进了。微软最大的错误是只收购了终端而没有整体并购诺基亚，光靠终端来支撑网络是不可能成功的，一个孤立的终端公司要生存是很困难的，所以三星才会拼命反击，从终端走向系统。Verizon 以 1300 亿美元收购 Vodafone 在 Verizon 无线的股权，Google 以 120 亿美元买了 MOTO 的知识产权，这都不是小事情，意味着美国在未来的 3～5 年将掀起一场知识产权的大战。美国一旦翻身以后，它的战略手段是很厉害的。Vodafone 把 Verizon Wireless 的股权卖掉了就有钱了，就不会马上把欧洲的业务卖掉，这样华为

---

　　①　任正非.以客户为中心 开放合作实现共赢［EB/OL］.（2014-04-14）［2015-05-15］.http://www.educity.cn/shenghuo/802265.html.

在欧洲就有生存下来的可能。华为要帮助自己的客户成功,否则没有了支撑点,我们是很危险的。

"未来的流量不全是流在运营商的管道里面,我们要重新认识管道,站在客户的角度考虑问题。什么是我们的客户?我们的客户不仅仅包括运营商,老百姓也是我们的客户。我们要走向开放,华为很快就是世界第一,如果只想独霸世界而不能学会给盟友分蛋糕,我们就是成吉思汗,就是希特勒,就将以自己的灭亡为下场。不舍得拿出地盘来的人不是战略家,你们要去看看《南征北战》这部电影,不要在乎一城一地的得失,我们要的是整个世界。总有一天我们会反攻进入美国的,什么叫潇洒走一回?光荣地走进美国。"

华为在 20 多年的发展中,初期只顾埋头走路,长期自我封闭。当华为日益茁壮之后,这样的做法无疑是行不通的。开放、合作、共赢就成为华为不得不面对的问题。

2010 年 12 月,华为对外发布云计算战略以及端到端的解决方案。作为华为领军人物的任正非罕见地出席了面向全球云计算的发布会。在会上,任正非表示,华为通过涉足云计算,从而让华为更好地实现转变,其基础是开放、合作、共赢。

据介绍,华为云计算战略包括三个方面:第一,构建云计算平台,促进资源共享、效率提升和节能环保;第二,推动业务与应用云化,促进各个行业应用向云计算迁移;第三,开放合作,构筑共赢生态链。

任正非坦言:"如同 IP 改变了整个通信产业一样,云计算技术也将改变整个信息产业。"在任正非看来,开放的云计算战略将会帮助华为和合作伙伴一起,为客户打造最优秀的云计算平台,让全世界所有的人,像用电一样享用信息应用与服务。[①]

华为进军云计算,更是彰显了华为向开放、合作、共赢的转变。任正非

---

① 徐维强.华为进军"云计算" 任正非:不做堂吉诃德[N].南方都市报,2010-12-01.

介绍说："华为 20 年来，从青纱帐里走出来，（像）一个孤独的'农民'，走在一条曲曲弯弯的田间小路。"

任正非在发言中也不讳言："华为多年来像当年堂吉·诃德一样的封闭，手拿长矛，单打独斗，跌跌撞撞地走到今天。当打开眼界一看，华为已经不得不改变自己长期的封闭自我的方式。"

任正非表示，华为要保持"深淘滩、低作堰"的态度，多把困难留给自己，多把利益让给别人，多栽花少栽刺，多些朋友，少些"敌人"。

任正非强调，团结越来越多的人一起做事，实现共赢，而不是一家独秀。当然，任正非也期待基于开放的云平台和各行各业应用服务合作伙伴携手共创未来信息产业的新天地。

2010 年，华为以优异的业绩跻身世界 500 强公司。今后的华为更加不会排外，不仅需要有更多的合作伙伴，而且要与不同价值观的对手加强合作与理解。

第二十章　华为的红旗到底能打多久

　　"居安思危"一直是任正非的讲话中极为重要的一个部分,不论是《华为的红旗还能打多久》《华为的冬天》,还是《华为要做追上特斯拉的大乌龟》,强烈的危机感一直贯穿其中。而这种危机感激发了华为内部的活力,不断迎接挑战,缓解各种各样外部不利因素的影响,最后完全生存下来。①

　　在中国的企业家中,任正非是一个具有忧患意识的企业家,在华为的发展过程中,任正非浓厚的危机意识渗透在华为的经营管理中,如同任正非所言:"10 多年来,我天天思考的都是失败,对成功视而不见,也没有什么荣誉感、自豪感,而是危机感。也许是这样才存活了 10 多年,失败这一天一定会到来,大家要准备迎接,这是我从不动摇的看法,这是历史规律。"

　　正是任正非强烈的危机感让华为在行业竞争中闯过数不胜数的险滩和暗礁;正是任正非浓浓的危机意识,令华为从一家深圳小企业发展为世界网络设备供应商;正是"华为没有成功,只有成长"的居安思危意识,使之成为华为变革的推动力。对此,任正非说:"因为优秀,所以死亡。创业难,

---

① 梁薇薇.华为放弃美国被唱衰:是匹饱富乌龟精神的"狼"[N].中国产经新闻报,2014-01-16.

守业难,知难不难。高科技企业以往的成功,往往是失败之母,在这瞬息万变的信息社会,唯有惶者才能生存。"

任正非天天都在思考华为的危机

翻阅 10 多年来任正非的讲话可以发现,在华为的成长过程中,无不体现着任正非的"危机意识"。研究专家晓忆撰文指出:"危机意识是一种领导者积聚能量的内心动力,更是一种超前的战略思维,它驱动着整个组织保持对外界刺激的敏感性,保持了一种警惕和临界状态,从而激发了华为这家大公司的活力。"①

北京大学国家发展研究院、北大国家发展研究院(BiMBA)院长杨壮教授在接受媒体采访时坦言:"任正非不断提到华为的冬天,不断提到竞争,危机意识是成为优秀企业家的基因。正如微软的比尔·盖茨,三星的李健熙。"

在杨壮看来,华为的成功主要源于任正非的"冬天"危机。根据公开的年报数据显示,2013 财年华为实现销售收入 2390 亿元人民币(约 395 亿美元),同比增长 8.5%,净利润为 210 亿元人民币(约 34.7 亿美元),同比增长 34.4%。根据之前爱立信公布的年报,2013 年爱立信营业收入 353 亿美元,与 2012 年基本持平,净利润为 19 亿美元。根据 2013 年 Infonetics Research 发布的设备供应商领军公司记分卡显示:华为排名第一,紧随其后的是爱立信和思科。

从这组数据可以看出,华为如今已经成为通信行业的巨人。然而,在华为的发展过程中,居安思危的意识已深入华为的每个员工心中。在很多场合下,任正非都以"温水煮青蛙"的悲剧来警示华为的员工。

---

① 晓忆.任正非:华为没有成功,只有成长[J].世界经理人,2013(1).

在《北国之春》一文中,任正非是这样开头的:

我曾数百次听过《北国之春》,每一次都热泪盈眶,都为其朴实无华的歌词所震撼。《北国之春》原作者的创作之意是歌颂创业者和奋斗者,而不是当今青年人误认为的是一首情歌。

在樱花盛开春光明媚的时节,我们踏上了日本的国土。此次东瀛之行,我们不是来感受异国春天的气息,欣赏漫山遍野的樱花,而是为了来学习度过冬天的经验。

一踏上日本国土,给我的第一印象还是与十年前一样宁静、祥和、清洁、富裕与舒适。从偏远的农村,到繁华的大城市,街道还是那样整洁,所到之处还是那样井然有序;人还是那样慈祥、和善、彬彬有礼,脚步还是那样匆匆;从拉面店的服务员,到乡村小旅馆的老太太,从大公司的上班族,到……所有人都这么平和、乐观和敬业,他们是如此珍惜自己的工作,如此珍惜为他人服务的机会,工作似乎是他们最高的享受,没有任何躁动、不满与怨气。在我看来,日本仍然是十年前的日本,日本人还是十年前的日本人。

但谁能想到,这十年间日本经受了战后最严寒和最漫长的冬天。正因为现在的所见所闻,是建立在这么长时间的低增长时期的基础上,这使我感受尤深。日本绝大多数企业,近八年没有增加过工资,但社会治安仍然比北欧还好,真是让人赞叹。日本一旦重新起飞,这样的基础一定会让它一飞冲天。华为若连续遭遇两个冬天,就不知道华为人是否还会平静、沉着应对,克服困难,期盼春天。

日本从 20 世纪 90 年代初起,连续十年低增长、零增长、负增长……这个冬天太长了。日本企业是如何度过的,他们遇到了什么困难,有些什么经验,能给我们什么启示?

这是我们赴日访问的目的所在。

华为经历了十年高速发展,能不能长期持续发展,会不会遭遇低增长,甚至是长时间的低增长;企业的结构与管理上存在什么问题;员工在和平时期快速晋升,能否经受得起冬天的严寒;快速发展中的现金流会不会中断,如何在江河凝固时,有涓涓细流,不致使企业处于完全停滞……这些都是企业领导人应预先研究的。

华为总会有冬天,准备好棉衣,比不准备好。我们该如何应对华为的冬天?这是我们在日本时时思索和讨论的话题。

在任正非的文章中,《北国之春》是典型的危机思维的代表作。2004年10月19日,任正非出访和考察日本,归国后他总结了此次考察的目的。正如任正非所言,此次赴日考察是为了学习日本度过经济冬天的经验,即便是在今时今日,日本的经验仍然具有很重要的现实意义。

在内部讲话中,危机是任正非提及频率最高的词语。任正非坦言:"历史给予华为机会,我们要防微杜渐,居安思危,才能长治久安。如果我们为当前的繁荣、发展所迷惑,看不见各种潜伏着的危机,我们就会像在冷水中不知大难将至的青蛙一样,最后在水深火热中魂归九天。"

当华为取得好业绩时,清醒的任正非告诫华为人:"华为没有成功,只有成长。""由于资金的不平衡,公司一次又一次地面临危机,一次又一次被推到危险的边缘。是谁挽救了公司,是什么神暗中保佑?是集体奋斗之神,是数千员工及家属之魂,托起的气场保佑了公司。尤其是在市场部'胜则举杯相庆,败则拼死相救'的工作原则感召下,多少英雄儿女放弃科学家梦,一批又一批奔赴前线。"

谁有棉衣,谁就能活下来

纵观华为的发展,危机意识始终贯穿华为的经营管理之中。北京大学国家发展研究院、北大国家发展研究院院长杨壮分析说:"任正非富有远见,2001年,他发表华为冬天的讲话时,就意识到华为不能只靠单一、纵深的产品打开市场,华为必须由单一通信产品如交换机、路由器向整个IT网络产品供应商转变;在深圳周边的一些电子厂商专注于产品竞争时,华为确认'以客户价值为核心'的增长方式,大手笔投入研发,专注于科技研发和技术领先,改变了华为后来的竞争态势和方向;20世纪90年代末,大多数中国企业在国内市场上进行蓝海竞争的时候,任正非已将华为发展视角放到海外,全面推动华为的国际化。经过十多年的奋斗,华为如今实现了跨国公司版图。华为的转型和领导者的素质有直接关系。"

在杨壮看来,华为的成功转型与任正非的领导素质有着直接关系。华为的发展模式不仅给中国企业经营者树立了一个标杆,同时也让跨国企业胆战心惊。究其原因,任正非的危机意识不但可以提升团队凝聚力和战斗力,还可以驱动华为的持续变革和创新。

合众资源企业管理顾问机构董事长刘承元博士撰文指出:"在芯片战略上,任正非强调要坚持自主创新,在使用高通、德仪等国外厂商的高端芯片外,华为要自主研发芯片做战略防御之用。华为的做法是后来居上者不得不做的现实选择,即先跟随,后创新,再超越。国际化的竞争局面会有许多意外的情况发生,企业领导层必须时刻警惕着,自己少犯或不犯错误;时刻准备着,等到对手犯错时一招制胜。"

关于华为冬天的讨论并非是在任正非去日本考察之时才有,而是在任正非去会晤时任阿尔卡特董事长瑟奇·谢瑞克时就有了。

21世纪初,时任阿尔卡特董事长瑟奇·谢瑞克(Serge Tchuruk)在法国波尔多地区自家的葡萄酒庄园里接待了前来参观访问的华为创始人任正非。

简单寒暄之后,瑟奇·谢瑞克向任正非介绍说:"我一生投资了两个企业,一个是阿尔斯通,一个是阿尔卡特。阿尔斯通是做核电的,经营核电企业要稳定得多,无非是煤、电、铀,技术变化不大,竞争也不激烈;但通信行业太残酷了,你根本无法预测明天会发生什么,下个月会发生什么……"

在瑟奇·谢瑞克看来,通信行业遵守残酷的丛林法则。对此观点,任正非非常赞同。2001年3月,正当华为发展势头良好的时候,任正非在企业内刊上发表了一篇文章《华为的冬天》,这篇力透纸背的文章不仅是对华为的警醒,也适用于整个行业。接下来的互联网泡沫破裂让这篇文章广为流传,"冬天"自此超越季节,成为危机的代名词。

众所周知,瑟奇·谢瑞克是一位广受企业界尊崇的实业家和投资家,他所创立的阿尔斯通和阿尔卡特都是世界知名的企业。阿尔卡特是全球电信制造业曾经的标杆企业。尤其在2001年美国互联网泡沫破裂之后,阿尔卡特与爱立信、诺基亚、西门子这几家欧洲电信企业,并肩成为貌似"坚不可摧"的业界巨擘。欧洲所具有的开放精神不仅快速地培育出几大世界级的电信制造商,也造就了一批全球化的电信营运商,英国电信、法国电信、德国电信、西班牙电信、沃达丰……它们不仅在欧洲各国,而且在全世界各大洲都有网络覆盖,而美国、日本以及中国的电信企业,与欧洲同行相比,显然是有距离的。[①]

正如瑟奇·谢瑞克所言,在通信行业,根本无法预测明天会发生什么。爱立信、诺基亚这两个巨头也在辉煌一时之后迅速陨落。

在如此居安思危的管理下,激烈的竞争无疑会使得企业不进则退。在21世纪初,华为正处于艰难的爬坡阶段。作为"领路者"的阿尔卡特的经营者,也感到未来的困惑与迷茫,这使任正非异常震惊。当任正非结束访问回国后,向华为高层多次复述瑟奇·谢瑞克的观点,并提问:华为的明天在哪里? 出路在哪里?

其后,在华为科级以上干部大会上,任正非做了题为"2001十大管理工作要点"的报告,其讲话内容被冠上《华为的冬天》之名在企业管理者中间广泛传播。许多企业的领军人物如创维的黄宏生、联想的杨元庆以及东软的刘积仁在读到此文后纷纷认为,"这篇文章说出了所有干企业的人

---

① 田涛,吴春波.下一个倒下的会不会是华为[M].北京:中信出版社,2012.

的感受"①。

在该文中,任正非坦言:"华为的危机,以及萎缩、破产是一定会到来的。"他说:"现在是春天吧,但冬天已经不远了,我们在春天与夏天要念着冬天的问题。IT业的冬天对别的公司来说不一定是冬天,而对华为可能是冬天。华为的冬天可能来得更冷一些。我们还太嫩,我们公司经过十年的顺利发展没有经历过挫折,不经过挫折就不知道如何走向正确道路。磨难是一笔财富,而我们没有经过磨难,这是我们最大的弱点。我们完全没有适应不发展的心理准备与技能准备。

"危机的到来是不知不觉的,我认为所有的员工都不能站在自己的角度立场想问题。如果说你们没有宽广的胸怀,就不可能正确对待变革。如果你不能正确对待变革,抵制变革,公司就会死亡。在这个过程中,大家一方面要努力地提升自己,一方面要与同志们团结好,提高组织效率,并把自己的好干部送到别的部门去,使自己部下有提升的机会。你减少了编制,避免了裁员、压缩。在改革过程中,很多变革总会触动某些员工的一些利益和矛盾,希望大家不要发牢骚,说怪话,特别是我们的干部要自律,不要传播小道消息。"

在任正非看来,只有居安思危,才能避免温水煮青蛙的悲剧。在该文中,任正非断言:"'沉舟侧畔千帆过,病树前头万木春。'网络股的暴跌,必将对两三年后的建设预期产生影响,那时制造业就因惯性进入了收缩。眼前的繁荣是前几年网络股大涨的惯性结果。记住一句话:'物极必反',这一场网络设备供应的冬天,也会像它热得令人们不理解一样,冷得出奇。没有预见,没有预防,就会冻死。那时,谁有棉衣,谁就活下来了。"

在任正非署名的另一篇文章《一江春水向东流》中这样写道:

　　　　我不知道我们的路能走多好,这需要全体员工的拥护,以及客户

----

① 蓝维维.从任正非的《华为的冬天》看企业人文管理[N].南方都市报,2002-01-28.

和合作伙伴的理解与支持。我相信由于我的不聪明，引出来的集体奋斗与集体智慧，若能为公司的强大、为祖国、为世界做出一点贡献，二十多年的辛苦就值得了。

我的知识底蕴不够，也并不够聪明，但我容得了优秀的员工与我一起工作，与他们在一起，我也被熏陶得优秀了。他们出类拔萃，夹着我前进，我又没有什么退路，不得不被"绑"着，"架"着往前走，不小心就让他们抬到了峨眉山顶。

我也体会到团结合作的力量。这些年来进步最大的是我，从一个"土民"，被精英们抬成了一个体面的小老头。因为我的性格像海绵一样，善于吸取他们的营养，总结他们的精华，而且大胆地开放输出。

那些人中精英，在时代的大潮中，更会被众人团结合作抬到喜马拉雅山顶。希腊大力神的母亲是大地，他只要一靠在大地上就力大无穷。我们的大地就是众人和制度，相信制度的力量，会使他们团结合作把公司抬到金顶的。

作为轮值 CEO，他们不再是只关注内部的建设与运作，同时，也要放眼外部，放眼世界，要自己适应外部环境的运作，趋利避害。我们伸出头去，看见我们现在是处在一个多变的世界，风暴与骄阳，和煦的春光与万丈深渊……并存着。

我们无法准确预测未来，仍要大胆拥抱未来。面对潮起潮落，即使公司大幅度萎缩，我们不仅要淡定，也要矢志不移地继续推动组织朝向长期价值贡献的方向改革。要改革，更要开放。要去除成功的惰性与思维的惯性对队伍的影响，也不能躺在过去荣耀的延长线上，只要我们能不断地激活队伍，我们就有希望。

历史的灾难经常是周而复始的，人们的贪婪，从未因灾难改进过，过高的杠杆比推动经济的泡沫化，总会破灭。我们唯有把握更清晰的方向，更努力地工作，任何投机总会要还账的。

经济越来越不可控，如果金融危机进一步延伸爆炸，货币急剧贬值,外部社会动荡,我们会独善其身吗?我们有能力挽救自己吗?我们行驶的航船,员工会像韩国人卖掉金首饰救国家一样,给我们集资买油吗?历史没有终结,繁荣会永恒吗?

我们既要有信心,也不要盲目相信未来,历史的灾难,都是我们的前车之鉴。我们对未来的无知是无法解决的问题,但我们可以通过归纳找到方向,并使自己处在合理组织结构及优良的进取状态,以此来预防未来。死亡是会到来的,这是历史规律,我们的责任是应不断延长我们的生命。

千古兴亡多少事,一江春水向东流,流过太平洋,流过印度洋……不回头。

在温水煮青蛙的实验中,青蛙的不同结局告诫中小民营企业老板,在企业经营中,不断变动的竞争环境使得危机无处不在,因此,一旦中小民营企业老板觉察不到危机的存在,其实正说明企业处于最大的危机环境中。

孟子云:"生于忧患,死于安乐。"对于任何一个中小企业而言,一旦如同实验中的那只青蛙一样,对企业生存、竞争环境的变化浑然不觉,一旦危机事件爆发,便已无力应变危机事件,结果就会被市场所淘汰。

华为的第四次危机随时可能到来

研究发现,任正非浓厚的危机意识,不仅避免了华为遭遇滑铁卢,同时也是基于对华为未来的战略思考。合众资源企业管理顾问机构董事长刘承元博士在接受媒体采访时高度评价了任正非的危机意识:"任正非在决策中的危机意识绝非泛泛而谈的危机意识,而是基于对未来先见和洞察之上的战略思考。任正非在最新的 2012 实验室谈话中,指出华为的优势是管道,终端基本不存在优势,就是一种危机意识的体现。他同时指出在华为技术平台的构建中,芯片和终端操作系统是技术创新头脑风暴的焦点。这是华为审时度势的一个战略选择。"

"对华为来说,要与国际超一流企业共舞,没有核心技术不行,否则就将受制于人,所以要做芯片;没有广泛的客户支持也不行,有市场才是硬道理,所以要做终端。尽管我们还不能断定华为一定能够通过新的思维模式打破现在的局面,但是华为开始尝试挑战这种局面本身就是一种巨大的进步。"

刘承元博士的评价是非常客观的,该观点也得到了韬睿惠悦人力资本咨询华南区总经理高原博士的认可,高原博士曾在华为人力资源体系任职多年,对任正非的危机意识有近距离的感受。他说:"任正非的危机感随着企业发展的不同阶段,呈现出不同的层次。在华为刚创立,公司规模比较小的时候,任正非说:'我每天考虑的是华为如何活下去。'所有的经营都围绕这个展开,聚焦于人才、产品、资金链等问题。华为做大之后,任正非反复倡导打造开放、包容、公共的平台。他在 2012 年最近的谈话里提到华为不能闭门搞研发,一定要开放、吸收别人的优势,只做自己核心的产品和技术,创新围绕人类的价值来开展。"

多年前,华为刚刚跻身中国电子百强企业首位,一些经营者看到这样的业绩,绝对会举杯相庆。然而,任正非却嗅到了华为的冬天。在取得骄人业绩后,任正非带领华为人开拓海外市场。正是这样的危机意识,使得 10 年后的华为,其海外收入已占到总销售收入的 75%,位于世界通信业的第二位。取得这样的业绩时,任正非依旧充满忧患意识:"华为公司若不想消亡,就一定要有世界领先的概念。我们只有瞄准业界最佳才有生存的余地。"

华为之所以能够在动荡的市场环境中漂亮地实现对竞争对手的弯道超越,是因为任正非超前的危机意识,在危机还没有爆发时,他已经提前做好准备。任正非说道:"华为二十几年都只做一件事,就是坚持管道战略。人只要把仅有的一点优势发挥好了就行了,咬定青山不放松,一步一步就叫步步高。"

　　事实证明，一个没有危机意识的民营企业，是一个没有希望的企业；一个没有危机感的民族，是一个没有希望的民族；一个缺乏批判和再造勇气的民营企业老板，必定是一个孤芳自赏、刚愎自用的企业老板。

　　中国民营企业正在遭遇前所未有的危机，这绝不是危言耸听、故弄玄虚！那些孤芳自赏、刚愎自用的民营企业老板必须认识到，今天的中国民营企业处境有多糟糕、形势有多不利。民营企业老板身处倒闭边缘却浑然不知，他们总是习惯低估自己的对手，又习惯高估自己的实力。今天之所以要把民营企业面临的危机告诉民营企业老板，是因为要唤起民营企业老板对危机管理的重视。否则，民营企业就可能在发展的高速公路上翻车。

　　在中国第一代企业家中，有一个企业家不得不提，这就是三株药业集团董事长吴炳新。

　　在保健品行业，没有人否认吴炳新的重要地位，甚至有媒体评论吴炳新是一个不折不扣、名副其实的"教父级"人物。吴炳新曾经带领三株，在很短的时间内演绎了中国保健品行业最辉煌的"神话"。

　　根据来自三株的统计资料，到 1996 年年底，农村市场的销售额已经占到了三株总销售额的 60%，这是一个了不起的营销业绩。1992 年三株以 30 万元起家，1995 年销售收入便达到 23.5 亿元。1996 年，三株迅速走向巅峰，销售收入超过 80 亿元。

　　然而没有人会想到，高速发展的三株企业却因为一位家住湖南省常德汉寿县的退休老船工陈伯顺而戛然止步。

　　1996 年 6 月 3 日，77 岁的老人陈伯顺身患冠心病、肺部感染、心衰 Ⅱ 级、肥大脊柱炎、低钾血症等多种疾病（二审法院已查明），经医生推荐服用三株口服液。于是他花了 428 元购买了 10 瓶三株口服液。

　　据陈伯顺家人介绍，陈伯顺患有老年性尿频症，在用了两瓶三株口服液后尿液减少，饭量却增加了不少。一旦停用三株口服液，陈伯顺的旧病又复发。当服用了 3 到 4 瓶三株口服液时,出现全身红肿、瘙痒的症状。当他服完第 8 瓶三株口服液时,全身溃烂,流脓流水。

陈伯顺在病情严重的情况下,于 1996 年 6 月 23 日被家人送到汉寿县医院求诊,被医院诊断为"三株药物高蛋白过敏症"。

其后,陈伯顺病情不断反复,于 1996 年 9 月 3 日死亡。陈伯顺死后,其妻子、儿女将三株口服液告到了常德市中级人民法院。

1998 年 3 月 31 日,常德中级人民法院做出一审判决,支持陈伯顺的诉讼请求,要求三株口服液向死者陈伯顺的家属赔偿 29.8 万元。

当三株口服液一审判决败诉后,数十家媒体在头版头条高密度地报道了三株口服液毒死陈伯顺的新闻,有的新闻标题甚至是"八瓶三株口服液喝死一条老汉"。这一轮爆炸性新闻,对于已经处在风雨飘摇中的三株公司无疑是毁灭性一击。

其实,三株口服液在"常德事件"之前,已经遭遇过"广东事件"与"成都事件",但都没有引起吴炳新的重视。

尽管在二审中三株口服液胜诉,改判了一审的判决,但常德事件之后,三株的销售一落千丈。

就这样,一家年销售额曾经高达 80 亿元——迄今中国尚无一家食品饮料或保健品企业超过这一纪录——累计上缴利税 18 亿元、拥有 15 万员工的庞大"帝国"就这样轰然倒塌,渐渐地淡出历史舞台。

在中国企业群雄榜上,三株是一个绕不过去的名字,却因一次严重的"形象危机",葬送了大好的前程。

面对危机事件,三株是如何应对的呢? 现在,我们来回顾分析一下三株当时面临的危机:1996 年 6 月,身患冠心病、肺部感染、心衰Ⅱ级、肥大脊柱炎、低钾血症等多种疾病的 77 岁老人陈伯顺,经医生推荐服用三株口服液。后来陈伯顺皮肤出现病状,诊治无效于 1996 年 9 月死亡。

在 1996 年 12 月,陈伯顺家人向常德中级人民法院起诉三株公司。

1998年3月,常德中级人民法院一审判决三株公司败诉,三株口服液向死者陈伯顺家属赔偿29.8万元,并没收三株1000万元的销售利润。

其后,三株公司不服常德中级人民法院的一审判决,向湖南省高级人民法院提出上诉。然而,三株公司不清楚,就算是上诉,也得需要很长时间,而此期间,数十家媒体连篇累牍地连续报道该事件,令三株的产品形象、企业形象、品牌形象遭到沉重打击,使工厂停产、销售瘫痪。

1999年,湖南省高级人民法院做出终审判决,由于陈伯顺在服用三株口服液前已身患冠心病、肺部感染、心衰Ⅱ级、肥大脊柱炎、低钾血症等多种疾病,最终判定三株公司胜诉。但公司形象已毁,即便胜诉了也已无力回天。数十亿元资产损失,15万人下岗,赢了官司,丢了市场。

其实在事发当时,三株公司曾积极主动与死者家属协商过,但协商未果,丧失了危机管理的时效性,月销售额从数亿元一下子跌到不足1000万元,这样的代价太大了。

当我们回过头来看,在危机事件还没有发酵前,就应及时赔偿,消除影响。因此,在企业危机爆发的时候,一旦短时间内不能确定谁是谁非,倒不如暂时先退一步,以免矛盾激化。对于任何一个中小民营企业老板而言,只有具备危机管理意识,才可能做好危机管理防范工作。

对此,万通控股董事长冯仑告诫企业家:"民营企业领导应该深刻地理解死亡,不要回避这件事,在活着的时候,做好公司制度的继承安排,也做好个人身后事的安排。这样,任何时候,车祸、疾病什么的都不能使你的企业和家人受到不必要的困扰。作为一个民营企业领导人,你每天都要有危机意识,要清楚地知道你快不行的时候谁会来救你。只有每天不断把这个问题想好,才能够给自己的企业架设一个安全的未来通途。"

在冯仑看来,危机意识是保证企业生存和发展的有效手段。正因为如此,在华为的发展中,在任正非的管理视野中,总是能看到"冬天"。在第一阶段的八年冬天里,华为的销售收入从152亿元人民币增加到125.6亿美元,增长势头较为迅猛;即使在国际通信市场上,华为与世界上最大的通信设备供应商们同台竞技,也毫不逊色。

在这样有利于华为的大好形势下,任正非却再一次警告华为人说冬天要来了:"冬天也是可爱的,并不是可恨的。我们如果不经过一个冬天,我们的队伍一直飘飘然是非常危险的,华为千万不能骄傲。所以,冬天并不可怕。我们是能够度得过去的。"

可以这样说,任正非居安思危的危机意识是中国企业家不可多得的品质。任正非认为,华为的第四次危机随时可能到来,华为的红旗到底能打多久,是横亘在任正非面前的重大难题。

参考文献

[1]白灵,刘醒.传统企业焦虑症[J].商界,2014(4).

[2]包晓闻,宋联可.中国企业核心竞争力经典:企业文化[M].北京:经济科学出版社,2003.

[3]包·恩,巴图.慧眼看《华为基本法》[EB/OL].[2015-04-20].http://www.emkt.com.cn/article/586/58627.html.

[4]陈培根编辑部.企业不可穿上"红舞鞋"[J].商界:评论,2006(1).

[5]楚天金报编辑部.任正非:最神秘低调的总裁[N].楚天金报,2013-02-08.

[6]程婧.阿里都上市了,这些牛企为何誓死不上市?[J].商界,2014(9).

[7]龚文波.任正非如是说:中国教父级 CEO 的商道智慧[M].北京:中国经济出版社,2008.

[8]古晓宇.任正非称华为"不让雷锋吃亏"[N].京华时报,2014-07-15.

[9]侯晓红,干巧.我国上市公司研发费用披露现状分析及对策[J].工业技术经济,2009(2).

[10]环球家电.华为开拓尼日利亚市场[EB/OL],2014,http://news.cheari.com/2011/0916/13568.shtml.

[11]江敏.浅析华为企业文化的塑造与启示[D].南昌:南昌大学学士学位论文,2012.

[12]江南时报编辑部.日本"老字号"长寿之道.江南时报,2008-09-03(4).

[13]林景新.娃哈哈:错位博弈[J].中国经济信息,2007(11).

[14]蓝维维.从任正非的《华为的冬天》看企业人文管理[N].南方都市报,2002-01-28.

[15]克拉玛依日报.任正非:灰色管理是生命之树[N].克拉玛依日报,2011-04-11.

[16]马晓芳.任正非称华为已进世界500强 销售额160亿美元[N].第一财经日报,2008-04-08.

[17]马晓芳.华为:未来我们除了艰苦奋斗还是艰苦奋斗[N].第一财经日报,2009-03-14.

[18]马晓芳.揭秘华为"红蓝军" 任正非誓言"反攻美国"[N].第一财经日报,2013-11-26.

[19]马晓芳.华为战思科即将上演:双方技术差距明显缩小[N].第一财经日报,2012-04-12.

[20]马淑萍,亓长东.日本企业国际化的经验研究[J].中国经济报告,2006(12).

[21]郭丽君,严圣禾.华为:领跑者的创新底色[N].光明日报,2015-03-31.

[22]牟家和、王国宇.亚洲华人企业家传奇 [M].北京:新世界出版社,2010.

[23][美]伊查克·爱迪斯.企业生命周期[M]:北京:中国社会科学出版社,1997.

[24]丘慧慧.探路者华为:"世界级企业"命题证伪[N].21世纪经济报道,2009-09-27.

[25]任正非."华为的冬天"——任正非[J].竞争力,2010(6).

[26]任正非.华为的红旗到底能打多久[J].IT经理世界,1998(19).

[27]任正非.实事求是的科研方向与二十年的艰苦努力——任正非在国家某大型项目论证会上的发言[J].华为人,2006(12).

[28]任正非.以客户为中心 开放合作实现共赢[EB/OL].[2015-04-20].http://www.educity.cn/shenghuo/802265.html.

[29]任正非.华为公司的核心价值观[EB/OL].2014.http://www.southcn.com/nflr/fdbg/200505240301.htm.

[30][日]船桥晴雄.日本长寿企业的经营秘籍[M].北京:清华大学出版社,2011.

[31]任鸽.任正非:缔造狼性华为[N].中国企业报,2011-07-26.

[32]芮益芳.华为2013年收入首超爱立信 销售额冲击700亿美元[EB/OL].[2015-04-20].http://tech.huanqiu.com/comm/2014-03/4942328.html.

[33]田涛,吴春波.下一个倒下的会不会是华为[M].北京:中信出版社,2012.

[34]田涛.华为如何进行自我批判?[EB/OL].[2015-04-20].http://tech.sina.com.cn/t/2013-07-19/13168556033.shtml.

[35]谭燃.思科CEO钱伯斯:科技产业迈入大屠杀时代[EB/OL].[2015-04-20].http://tech.qq.com/a/20140521/008258.htm.

[36]陶涛.企业自主研发经费仅占销售收入3.8%[N].中国青年报,2009-07-13.

[37]吴春波.任正非间于"黑""白"之间的灰度管理哲学[N].中国经营报,2010-10-27.

[38]汪小星,孙嘉芸.华为任正非:不做僵化的西方样板[N].南方都市报,2010-03-02.

[39]王永德.狼性管理在华为[M].武汉:武汉大学出版社,2010.

[40]王育琨.1000亿华为和任正非的六个支点[EB/OL].[2015-04-

20]. http://my.icxo.com/266600/viewspace-80835.html.

[41]魏艳.思科参与推动审查"华为事件"背后抹黑价值观失守[EB/OL].[2015-04-20].http://news.xinhuanet.com/fortune/2012-10/25/c_123868801.htm.

[42]徐冠华.徐冠华在创新型企业试点工作会议上的讲话[N].科技日报,2007-02-27.

[43]徐维强.华为进军"云计算"任正非:不做堂吉诃德南方都市报,2010-12-01(SA32).

[44]徐宪江.富人不说,穷人不懂:50位亿万富豪白手起家的赚钱哲学[M].苏州古吴轩出版社,2011.

[45]晓忆.任正非:华为没有成功,只有成长[J].世界经理人,2013(1).

[46]许正.企业靠什么维持荣耀和基业常青[N].商界,2015(4).

[47]谢怡晴.老干妈的另类成功学:绝缘外来资本[N].时代周报,2014-04-10.

[48]新华网.华为VS思科:王者的对决[EB/OL].[2015-04-20].http://news.xinhuanet.com/tech/2012-06/07/c_123249108.htm.

[49]新浪博客.华为的竞争战略:华为Vs思科[EB/OL].[2015-04-20].http://blog.sina.com.cn/s/blog_568ad01e01000a2d.html.

[50]叶志卫,吴向阳.胡新宇事件再起波澜 华为称网友误解床垫文化[N].深圳特区报,2006-06-14.

[51]中国企业家编辑部.日本企业国际化经验[J].中国企业家,2007(2).

[52]中国企业家编辑部.任正非总结华为成功哲学:跳芭蕾的女孩都有一双粗腿[J].中国企业家,2014(10).

[53]中国企业家编辑部.任正非(华为公司):还会封闭多久[J].中国企业家,2001(12).

[54]中国企业家网.任正非:华为为什么不上市?[EB/OL].[2015-04-20].http://www.iceo.com.cn/renwu/35/2012/1129/260809.shtml.

[55]中国建材报.门窗幕墙企业存隐患 切忌盲目扩大规模[N].中国建材报,2011-08-09.

[56]制冷快报编辑部.格力空调:坚决不拿消费者作试验品[N].制冷快报,2012-05-07.

[57]张邦松.中国企业国际化:行百里而半九十[N].经济观察报,2011-12-03.

[58]张乐,裴立华,王小波.宗庆后后悔了[N].经济参考报,2007-04-03.

[59]证券日报.华为美国招标再受挫 分析建议其海外上市[N].证券日报,2010-08-26.

后　记

在皓月当空的深夜，我终于完成了本书，此刻已是午夜两点。当我落笔之时，看到案前挂着一副真武庙禅师给我题字的对联——"绿水本无忧因风皱面，青山原不老为雪白头"，思绪如潮般滚滚涌来，先前的困意全无。

追忆写作本书的这段日子，如著名学者王国维在《人间词话》提出的三种境界——"昨夜西风凋碧树，独上高楼，望尽天涯路""衣带渐宽终不悔，为伊消得人憔悴""众里寻他千百度，蓦然回首，那人却在灯火阑珊处"——可谓是收获颇多。

纵观古今，但凡集大成者虽不一定修禅悟道，但无形中却达到了禅的最高境界。不管是儒学大师孔子，还是新中国的开国者毛泽东；不管是史学家司马迁，还是理学家朱熹；不管是唐太宗李世民，还是改革家邓小平……

诚然，在中国五千年灿烂文化中，中国文化不仅影响了世界，同时也创造了世界文明。即使在当下，改革开放后中国的崛起同样也在引领世界的经济。在这场轰轰烈烈的经济大潮中，中国企业，特别是中国民营企业家功不可没。

究其原因，中国民营企业家不仅创建了新的管理思想，同时也把中国企业拓展到世界的大多数国家。事实证明，中国企业家之所以能够在改革开放30多年以来把企业做强做大，是因为这些企业家能够把管理实践总结成一个非常饱满的故事。可以这样说,世界上最伟大的领导者都是讲故事的高手。如洛克菲勒通过故事讲述蔷薇法则、松下幸之助通过故事讲述自来水哲学、李东生通过鹰的故事讲述 TCL 的变革之路……

尽管吾辈资质愚钝,没有王国维先生的大省大悟,但是在翻阅任正非先生的讲话稿之后,仍如醍醐灌顶。我们在梳理这些故事时发现,低调而神秘的华为创始人任正非一口气给华为人讲了 20 多个管理故事,这些故事借鉴了毛泽东思想、中外神话故事以及中国古代的水利工程思想等。任正非通过讲故事与他的团队做到了上下同欲,而我们通过阅读他的故事,则能理解到创业的秘密和成功的智慧。

在新中国第一批企业家中,华为创始人任正非最为低调、神秘。与此矛盾的是,华为一直以来火箭般的发展速度和傲人的成绩,总是让其曝光在聚光灯下。

媒体记者、商学院教授、培训师等外界研究者了解任正非的手段无非是他所撰写的文章、所做的各种讲话,以及华为员工口中的零星片语。

这就是外界给任正非的标签:任正非就是华为,华为就是任正非。在媒体上,任正非可刊登的照片寥寥无几,常见的几张正面照不过是胸佩红花而已。媒体抓拍的这几张图片自然而又标准——"脸上沟壑纵横、两鬓微白、双眼饱含忧患"。

之所以用这几个词来描述任正非,是因为从来就没有几个媒体人正式地采访过他。谜一样的任正非一直规避媒体的采访。

在任正非的领导下,华为以火箭班的速度高速扩张。2009 年,经过 21 年的发展,华为跻身为仅次于爱立信的全球第二大通信设备制造商。为此,任正非被美国《时代》杂志、《福布斯》杂志争相报道,其大名与华为一起响亮全世界。

尽管如此,低调的任正非始终拒绝媒体的采访。在浮躁的企业界中,资本运营已经成为一些企业家的口头禅。然而,任正非却在文章中称华为不上市。这无疑又增加了外界的好奇。

　　当然，关于任正非的低调，他自己是这样解释的："我为什么不见媒体，我有自知之明，见媒体说什么，说好恐怕言过其实；说不好别人又不相信，甚至还认为虚伪，只好不见为好。因此，我才耐得住寂寞，甘于平淡。我知道自己的缺点并不比优点少，并不是所谓的刻意低调。"

　　或许是因为走过的路太长，迈过的坎太多，其言其行都有时代的影子。任正非坦言："我已习惯了我们不应得奖的平静生活，这也是我今天不争荣誉的心理素质培养。"

　　然而，华为的发展并未因为任正非的低调而停滞不前。2015年3月31日，华为发布了经毕马威审计的2014年年报，2014年华为全球销售收入2882亿元（465亿美元），同比增长20.6％；净利润279亿元（45亿美元），同比增长32.7％。

　　为了揭开华为的生存之道和高速发展之谜，我们团队数十人经过数月的研读，从中提炼了最具代表性的20多个管理故事，这20多个故事不仅表述了任正非的管理经验，同时也是任正非在指导华为发展时的核心思想，值得广大企业家、企业员工、中层经理、商学院教授、培训师等不同领域的人学习和参考。

　　本书在撰写时，力求接近任正非的管理思想，我们采访了华为的一些中层员工。由于任正非不接受媒体采访，我们只好从他撰写的文章中寻找答案。

　　在这里，感谢任正非，感谢华为人，感谢本书的编辑和商学院教授的大力支持。

　　在这里，感谢财富商学院书系、火凤凰财经书系的优秀人员，他们也参与了本书的前期策划、市场论证、资料收集、书稿校对、文字修改、图表制作等工作。

　　以下人员对本书的完成亦有贡献，在此一并感谢：简再飞、周芝琴、周梅梅、吴雪芳、吴江龙 、吴抄男、赵丽蓉、周斌、张著书、周凤琴、周玲玲、金易、何庆、李嘉燕、陈德生、丁芸芸、徐思、李艾丽、李言、黄坤山、李文强、陈放、赵晓棠、熊娜、苟斌、佘玮、欧阳春梅、文淑霞、占小红、史霞、陈德生、杨丹萍、沈娟、刘炳全、吴雨来、王建、庞志东、姚信誉、周晶晶、蔡跃、姜玲玲等。

在这里,感谢之前的研究者们。任何一本书的写作,都是建立在许多人的研究成果基础之上的。在写作过程中,笔者参阅了相关资料,包括电视、图书、网络、报纸、杂志、论文库、华为集团的官方网站、《华为人》报等资料,所参考的文献,凡属专门引述的,我们尽可能注明了出处,其他情况则在书后附注的"参考文献"中列出,并在此向有关文献的作者表示衷心的谢意! 如有疏漏之处还望原谅。

在这里,感谢本书在出版过程中大力支持和热心帮助的许多商学院教授、标杆企业研究专家、企业总裁、职业经理人、媒体朋友、培训师、业内人士以及出版社的编辑,等等。

在此我再次表示衷心的谢意。由于时间仓促,书中难免有疏漏,欢迎读者批评指正(E-mail:zhouyusi@sina.com.cn)。

周锡冰

2016 年 4 月 3 日于北京